W0178276

Ruth Heil

Mit Gott
an meiner Seite

Aus meinem Tagebuch

mediaKern

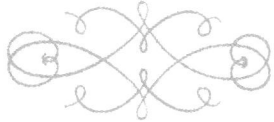

Bibliografische Information der Deutschen Nationalbibliothek
Die Deutsche Nationalbibliothek verzeichnet diese Publikation in der Deutschen
Nationalbibliografie; detaillierte bibliografische Daten sind im Internet über
http://www.dnb.de abrufbar.

ISBN 978-3-8429-2316-4

Bestell-Nr. 5.122.316
© 2022 mediaKern GmbH, 46485 Wesel
Bibelzitate (wo nicht anders vermerkt): Die Bibel nach Martin Luthers
Übersetzung, revidiert 2017, © 2016 Deutsche Bibelgesellschaft, Stuttgart.
Umschlagbild: Salome Heil
Umschlaggestaltung, Layout, Satz: Ch. Karádi
Lektorat: Dr. Ulrich Parlow & RKW/J. Dörr
Korrektorat: Inge Frantzen
Gesamtherstellung: Drukarnia Dimograf, Bielsko-Biała, Polen
Printed in the EU 2022

www.media-kern.de

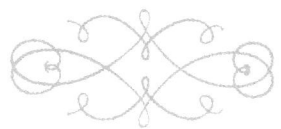

Vorwort

Jedes Leben schreibt Geschichte. Sie nimmt ihren Anfang, wenn Gott sein Schöpferwort über unser Leben spricht: »Es werde.«

Jede Geschichte mit diesem Schöpfer findet darin Erfüllung, dass wir IHN kennenlernen, der uns von Beginn an geliebt und gewollt hat – ganz gleich, wie unser Anfang auf dieser gefallenen Erde ausgesehen hat.

Ich wünsche mir nichts mehr, als dass Sie durch alle Wirren Ihrer eigenen Geschichte den finden, der mir mitten in allem Schweren die Gewissheit gegeben hat: »Ich bin bei dir.«

In allem Erlebten hat Gott mir immer wieder Freunde geschenkt, die mein Vertrauen in ihn gestärkt haben. Dass Gott mir dann einen Mann ausgesucht hat, der mich liebt und unterstützt auf unserem Weg der Berufung, ist ein riesiges Geschenk. Zu den Geschenken meines Lebens gehört auch meine treue Freundin Elisabeth, die seit vielen Jahren zu unserer Familie gehört. Ohne sie wären die »Berge« auf meinem Lebensweg nicht zu schaffen gewesen.

GOTT SEI DANK!

Inhalt

Über deinem Leben steht das große JA!

Gesprochen über dir vor allen Zeiten.

Und der es sprach, sagt:

»Ich bin für dich da!

Will dich durch

Licht und Dunkelheit begleiten.«

So geh gestärkt mit Mut

voll Zuversicht getrost

in jedes neue Morgen

und sei in IHM

in alle Ewigkeit

gehalten, getröstet und geborgen.

Ruth Heil

Einleitung

Habe ich Gaben – und wer bin ich?

Diese Fragen stellte ich mir von Kind an. Obwohl ich gerne Klavier spielte, war mir das Üben zu lästig. Dafür erfand ich eigene Melodien und sang voller Freude selbst erfundene Lieder. Ich unterhielt mich gerne mit den Vögeln, pflückte im Garten die Blumen, die Großvater liebevoll gepflanzt hatte, und brachte sie der alten Nachbarin, die sich freute und jedes Mal fragte, wer ich denn sei. Meine Mutter hatte genug Stress damit, meine Handarbeiten fertigzustellen, die in der Schule abgeliefert werden mussten, und war manchmal verzweifelt, wenn ich abends immer noch nicht meine Latein-Hausaufgaben erledigt hatte.

Mein Interesse an vielen Dingen, die nicht gefragt waren, brachte mich oft in Schwierigkeiten. Das gab mir immer wieder das Gefühl, nicht genügend zu sein, sodass ich mich selbst hinterfragte.

Es war ein Segen für mich, Eltern zu haben, die mir früh von Jesus erzählten, der alle Menschen liebt. Von ihm fühlte ich mich ganz verstanden und ihn liebte ich von Herzen, auch wenn ich mich selbst erst viel später annehmen konnte.

Aber allen, denen ich begegnete, wollte ich von diesem Jesus und seiner Liebe weitersagen.

Niemand ist wie du!

Vergleiche dich nicht!
Du bist ein einmaliger Diamant,
hergestellt in der Schöpferwerkstatt
des größten Meisters.

Ruth Heil

Kindheit und Teenagerzeit

»Und mach uns zu Himmelserbsen«

Als Kleinkind fieberte ich darauf hin, wann ich endlich in den Kindergarten würde gehen dürfen. Die bunten Bauklötze begeisterten mich und Puppenküchen mit Blechspielzeug. Ob ich je damit spielen durfte, weiß ich nicht mehr. Es waren sehr viele Kinder dort.

Zum Schluss sangen die Erzieherinnen immer mit uns das Lied:

> *Unsern Ausgang segne Gott,*
> *unsern Eingang gleichermaßen,*
> *segne unser täglich Brot,*
> *segne unser Tun und Lassen,*
> *segne uns mit sel'gem Sterben*
> *und mach uns zu Himmelserben.*

Ich sang immer »Himmelserbsen« statt »Himmelserben«. Allerdings konnte ich nicht verstehen, warum wir im Himmel denn Erbsen sein sollten – oder würde es dort viele davon geben? Eigentlich mochte ich Erbsen und öffnete gerne ihre Schoten im Garten, um die jungen Erbsen daraus zu essen. Ich sang auf jeden Fall weiter begeistert mit, denn ich liebte es, zu singen. Niemand bemerkte, dass ich Erbsen mit Erben verwechselte!

Heute bin ich in einem Alter, wo ich den Segen, um den es in dem Lied ja geht, mehr als je zuvor verstehe. Mit Segen gelingt unser Leben viel besser. Diesen Segen immer »mitgehen« zu lassen, egal, wo wir uns gerade auf dieser Welt befinden, bei allem Tun und allem Ruhen – das ist ein gutes Rezept zum Gelassensein. Und am Ende des Lebens in eine Wohnung einzuziehen, die Jesus selbst für uns vorbereitet hat, ist kostbarer, als die kleinen Erbsen aus den Schoten zu essen!

Bereit zur Entrückung?

Ferien, endlich Ferien! In den Ferien soll ich das liebste Kind gewesen sein. Das erzählte mir jedenfalls meine Mama, als ich anfing, erwachsen zu werden.

Aber jetzt war ich noch ein temperamentvolles Grundschulkind, voller Freude an Blumen und Vögeln, am Basteln und Singen – nur nicht daran, in die Schule zu gehen.

Mit großer Begeisterung hörte ich zu, wenn mein Papa uns Geschichten von Jesus erzählte. Er konnte so lebensnah und packend diese Ereignisse schildern. So weinte ich denn in der Geschichte mit dem Gelähmten und klatschte vor Freude in die Hände, als er wieder gehen konnte.

Manchmal wurde Papa auch ernst. Dann sagte er: »Der Vater im Himmel hat uns das Beste gegeben, was er uns geben konnte, seinen einzigen Sohn. Er wollte, dass wir einmal mit ihm den Himmel teilen sollten. Und das ist nur möglich, wenn wir den Herrn Jesus in unser Herz aufnehmen. Eines Tages wird Jesus wiederkommen, und alle die Menschen, die ihn als ihren Herrn angenommen haben, werden mit ihm in den Himmel gehen.«

Das alles blieb in meiner kindlichen Seele hängen. Aber es beunruhigte mich nicht, es war so weit entfernt, wie Himmel und Erde voneinander sind. Und außerdem war es nicht schlecht, niemals sterben zu müssen. Der Tod von Oma war schlimm genug für mich gewesen, auch wenn sie jetzt bei Jesus im Himmel war.

Endlich hatten dann die Ferien begonnen. Obwohl ich voller Lebenslust war, wollte ich jetzt erst mal ausschlafen und mein warmes Bett so richtig genießen. Doch schließlich reichte es. Ich sprang aus dem Bett und hüpfte die Stufen hinunter in den Wohnbereich. Was für ein schöner Tag!

Aber wo war Mama? Sie war doch zu dieser Zeit immer in der Küche. Ich rief nach ihr, lief in den Keller und von dort zur Wäscheleine. Nirgends war sie zu finden. Mein nächster Weg ging ins Büro. Auch Papa war nicht da. Halt, mein Bruder bastelte bestimmt gerade an seinem Fahrrad herum. Aber auch er war unauffindbar. Da bekam ich Angst. Ja natürlich, das war es: Jesus war wiedergekommen! Das Unwirkliche war passiert. Und Jesus hatte alle mitgenommen, die bereit waren, aber mich nicht!

Mich erfasste Panik: Was sollte ich nur machen, allein, ohne meine Familie? Ach, ich könnte ja meine Patentante anrufen, die würde mich bestimmt aufnehmen. Auch Freunde meiner Eltern fielen mir ein. Aber halt, die waren ja jetzt bestimmt auch schon unterwegs Richtung Himmel!

Schließlich setzte ich mich an den Küchentisch, legte

meinen Kopf auf meine Arme und weinte jämmerlich. Ich war allein zurückgeblieben, alle waren weg!

Wie lange ich so dasaß und verzweifelt war, weiß ich nicht mehr. Doch plötzlich ging die Haustür auf: Mutter war vom Einkauf zurück, Vater kam kurz darauf von der Post nach Hause – und wie ich hörte, war mein Bruder bei einem Freund zum Spielen.

Dieses Erlebnis hat mich lebenslang geprägt. Es ist aber jetzt nicht mehr Angst, sondern die große Vorfreude auf Jesus. ER kommt wieder, wie ER es gesagt hat. Und ich darf bei IHM sein für alle Zeit.

Evangelisation unter den Wäschestangen

Mein Vater hatte eine schwere Lungentuberkulose, die ihn fast das Leben kostete. Während er in der Kur war, schenkten Freunde meiner Mutter und uns beiden Kindern einen Aufenthalt in der Schweiz. Ich war damals zwölf Jahre alt.

Während dieser Tage in der Bibelschule Beatenberg fanden immer wieder Andachten statt. Obwohl ich nicht alles verstand, wurde mir bewusst, dass es gut ist, sich ganz bewusst für Jesus zu entscheiden. »Wer diesem Jesus nachfolgen will, sollte sich auf den Weg machen und es dadurch zeigen, dass er nach vorne kommt«, ermutigte uns Frau Dr. Wasserzug. Obwohl der Saal mit Menschen gefüllt war, soll ich als Erste aufgestanden sein, um nach vorne zu gehen, erzählte mir meine Mutter Jahre später. Ja, ich wollte Jesus nachfolgen, das war mein tiefster Wunsch.

Mein Herz war so erfüllt von Freude, dass ich es auch den Kindern in unserer Nachbarschaft sagen wollte, dass Jesus sie liebt. Ich bat meine Mutter, mir Decken zu geben, um damit ein Zelt über den Wäschestangen zu errichten. »Du könntest ihnen bei der Einladung sagen, dass es frisch gebackene Schneckennudeln gibt«, ließ sie mich wissen. Diese wundervolle Mutter! Sie wusste, wie man wirkungsvoll einladen kann! Sieben Kinder fanden sich bei meiner ersten »Zeltevangelisation« ein. Was ich ihnen erzählte, weiß ich nicht mehr. Aber die Schneckennudeln waren köstlich!

Der »falsche« Konfi-Vers

Mein Herz brannte für Gott. Ich wollte Krankenschwester oder Lehrerin werden. Auf jeden Fall wollte ich Gott mein Leben zur Verfügung stellen.

Ich war 14 und jetzt Woche für Woche im Konfi-Unterricht. Viele der Themen interessierten mich nicht. Ich hätte gerne mehr über Gott gehört, aber der kam nur wenig vor. Auch die Gottesdienste, die wir als Konfirmanden besuchen sollten, sprachen mich kaum an. Doch wenn ich an die Konfirmation dachte, erfasste mich große Freude. Ja, ich freute mich auf den Bibelvers, den jeder von uns zum Abschluss im Gottesdienst überreicht bekommen würde. Sicher würde Gott den Pfarrer wissen lassen, welchen er mir geben sollte. Und ich wollte diese Bibelstelle als Leitvers für mein Leben nehmen.

Endlich hielt ich ihn in den Händen und war erschüttert. Statt »Dienet dem Herrn mit Freuden« oder »Siehe, ich stehe vor der Tür und klopfe an« oder noch besser »Gehet hin in alle Welt und prediget« las ich mir leise selbst vor: »Der Herr ist freundlich dem, der auf ihn harrt, und der Seele, die nach ihm fragt.« Dieser Bibelspruch war ausgerechnet noch bei den Klageliedern, Kapitel 3, Vers 25, aufgeschrieben!

»Da hat sich der Pfarrer sicher geirrt«, dachte ich. Den gerahmten Vers verstaute ich in einer meiner Schubladen. Mit dieser Aussage, die nur von Geduld und Nachfragen und Ausharren sprach, wollte ich nichts zu tun haben.

Damals wusste ich noch nicht, dass das genau der Lernprozess war, um dem Herrn wirklich dienen zu können – und dass ich üben durfte, ihm zu vertrauen, auch wenn es ganz anders ging, als ich mir vorgestellt hatte.

Gebet in den Toilettenräumen

Inzwischen war ich im altsprachlichen Gymnasium mit Latein als erster Sprache. Es war nicht meine Leidenschaft. Kunst, Musik und Sport hätten mir ohne Weiteres als Fächer genügt. Aber ich hatte echt nette Klassenkameraden. Und das Schönste für mich war, dass ich mit ihnen über meinen Glauben an Jesus sprechen konnte. Natürlich wurde ich auch belächelt und man machte sich lustig über mich. Aber es gab auch einige Mädchen, die für den Glauben Feuer fingen. Da wir alle weit verstreut wohnten, mussten wir eine Möglichkeit finden, uns zu treffen. Und was bot sich da besser an als die weitläufigen Toilettenräume der Schule? Dort fanden wir uns morgens vor Schulanfang ein und beteten miteinander.

Natürlich gab es dabei immer wieder Unterbrechungen, wenn jemand hereinkam, der natürlicherweise etwas anderes vorhatte, als zu beten. Doch es war eine große Freude und wie ein Geheimnis, das wir miteinander teilten. Gott war mitten dabei, auch wenn die Gerüche nicht unbedingt erbaulich waren …

Stark machen für die Menschenfresser

Immer öfter sprach ich davon, in die Mission gehen zu wollen. Inzwischen war ich 15 und mein Bruder war 17 Jahre alt. Er ging gerade durch eine Krise im Glauben und spöttelte gelegentlich über meine absonderlichen Zukunftsvorstellungen. »Ich muss dich fit machen, wenn du zu den Kannibalen gehst«, sagte er dann und gab mir einige leichte Boxer auf die Oberarme. Ich wusste aber, dass er es eigentlich gut mit mir meinte.

Ich stellte mir selbst die Frage, ob ich vielleicht nur das Abenteuer suchte. Nein, eigentlich nicht. Eines Tages konnte ich dann jedoch selber prüfen, ob ich wirklich bereit war, diesen Weg in die Mission zu gehen, auch wenn es dabei Schwierigkeiten geben würde.

Elia war der Prophet im Alten Testament, der immer wieder meine Aufmerksamkeit auf sich zog. Er sprach mit großer Kraft und Vollmacht zu den Menschen. Dass er am Ende seines Lebens nicht einmal sterben musste, sondern direkt in den Himmel gehen durfte, war besonders beeindruckend. Mir gefiel auch die Stelle, in der sein Mitarbeiter Elisa ihn bat, ihm seinen Mantel zu überlassen, wenn er von der Erde weggenommen würde, als Zeichen für seine eigene Berufung.

Das berührte mich. Vielleicht könnte ich meinen Vater fragen, ob er mir, wenn er einmal sterben sollte, auch seinen Auftrag von Gott weitergeben könnte. Vater war mein Vorbild. Gott gebrauchte ihn, um viele Menschen zum lebendigen Glauben zu führen.

»Papa«, fragte ich ihn deshalb, »wenn du einmal sterben wirst, kannst du mir dann deinen ›geistlichen‹ Mantel weitergeben, wie es Elia für Elisa tat?«

Mein Vater wurde sehr ernst. »Willst du dabei auch die Leiden, Kämpfe, Schwierigkeiten und Widerstände erleben?«, fragte er mich.

Ich erinnere mich, dass ich leise den Kopf schüttelte und nie mehr solch eine Bitte äußerte.

Einen Auftrag von Gott zu bekommen heißt nicht, auf Wolken zu schweben, sondern manchmal auch, Schweres auszuhalten und zu tragen, eben einen »Auftrag« zu haben.

»Was denkst du über deinen Namen?«
»Magst du ihn, und wenn ja, kannst du sagen, warum?«

Ich saß bei einem Seminar, als diese Frage gestellt wurde. Wir waren junge Leute, zusammengewürfelt aus Amerikanern und Deutschen.

Mochte ich meinen Vornamen? Ich überlegte: Wahrscheinlich würde es auf die Aussprache des Gegenübers ankommen, ging es mir durch den Sinn. Ein hartes R mit einem harten T am Schluss hörte sich fast an wie ein Böllerschuss an Neujahr oder wirkte wie ein Befehlston, der nach einer untertänigen Antwort verlangte. Wurde ich allerdings auf eine Weise angesprochen, dass das Schluss-h zum Anlass genommen wurde, den Namen in die Länge zu ziehen, erinnerte mich das eher an Friedhofsruhe: »Hier ruht in Frieden …« Damit war ich auch nicht glücklich. Dann gab es noch die Formen »Ruthle« (das klang nach Baby) und »Ruthsche«, was sich noch schrecklicher anhörte.

Grundsätzlich aber mochte ich meinen Namen, denn er erzählt eine tragisch beginnende Geschichte in der Bibel, die ein Happyend hat. Dabei geht es um eine junge, verwitwete Frau namens Ruth, die ihrer Schwiegermutter, ebenfalls Witwe, in ein fremdes Land folgt. Ruth erträgt die verbitterte Frau mit Hingabe und ohne jeden Vorwurf. Zuletzt geschieht dann das Wunder, dass Gott einen Weg bereitet, der seinen perfekten Zeitplan zeigt.

Aber genau deshalb mochte ich meinen Namen dann auch wieder nicht, weil ich dem Vorbild dieser biblischen Ruth überhaupt nicht entsprach. Ich war eher laut, emotional und auch mal aufbrausend und hätte so gerne diese sanfte Natur der biblischen Ruth gehabt.

Während ich noch darüber nachsann, was ich den anderen über meinen Namen mitteilen wollte, war eine Amerikanerin an der Reihe, die ihren Namen in der englischen Aussprache weitergab. »I love my name«, sagte sie voller Überzeugung, »weil er so weich klingt. My name is Ruth.«

Es war, als würde mir eine Tür aufgetan zu einem neuen Verständnis meines Namens. Ich begriff plötzlich: Gott spricht liebevoll meinen Namen aus, egal, ob ich es verdiene oder nicht. Er liebt mich einfach so, wie ich bin, mit meinem stürmischen Wesen. Ich bin für ihn okay! Ja, ich spürte es neu: Für ihn bin ich richtig, einfach weil ich seine Schöpfung bin, seine Tochter, sein Kind.

»Weiß ich den Weg auch nicht«

Nach sechs Jahren Latein war ich ziemlich schulmüde. Außerdem wollte ich Krankenschwester werden und dazu genügten zehn Schuljahre. Meine Eltern waren einverstanden, und so ging ich nach der zehnten Klasse vom Gymnasium ab.

Schon Monate zuvor hatte ich mich bei einer Bibelschule beworben und eine Zusage bekommen. Ich hatte vor, nach der Bibelschule und der anschließenden Krankenschwesternausbildung in die Mission nach Kamerun zu gehen. Dazu wollte ich nicht unvorbereitet sein, sondern vorher die Bibel möglichst gut kennenlernen. Ich freute mich riesig auf diese Zeit!

Es war wenige Wochen vor Schuljahresende, als mein Vater mich ansprach: »Es gibt Probleme mit der Bibelschule. Wahrscheinlich klappt es nun doch nicht.«

Sowohl traurig als auch ärgerlich nahm ich die Nachricht entgegen. Wollte ich nicht Gott dienen? Wieso verhinderte er dann solch eine gute Absicht? Ich verstand nichts mehr, außer dass ich keine Ahnung hatte, wie ich so kurz vor meinem Schulabschluss irgendetwas anderes Sinnvolles finden könnte. Je mehr ich darüber nachdachte, umso mehr entwickelte ich Aggressionen.

Schließlich setzte ich mich ans Klavier, meinen Stammplatz, wenn ich mit meinen Gefühlen nicht zurechtkam. Dort spielte ich mir häufig den Kummer von der Seele oder ließ in wilden Stücken meinen Ärger über die Tastatur fegen.

Auch dieses Mal wurde das arme Instrument nicht gerade liebevoll behandelt. Ich ließ meine Finger mit Wucht auf die Tasten fallen zu schrecklichen Misstönen. Als sich mein Inneres ein wenig beruhigt hatte, sah ich auf der Ablage das frühere »Jesu Name«-Liederbuch stehen. Fast unwillig öffnete ich es.

Zu meinem Erstaunen stand da dieses alte Lied von Hedwig von Redern, im Jahr 1901 gedichtet, wie eine Antwort auf meine ungewisse Zukunft:

Weiß ich den Weg auch nicht, du weißt ihn wohl;
das macht die Seele still und friedevoll.
Ist's doch umsonst, dass ich mich sorgend müh,
dass ängstlich schlägt mein Herz, sei's spät, sei's früh.

Staunend las ich weiter:

Du weißt den Weg für mich, du weißt die Zeit,

dein Plan ist fertig schon und liegt bereit.
Ich preise dich für deiner Liebe Macht,
ich rühm die Gnade, die mir Heil gebracht.

Ich konnte kaum fassen, dass da genau stand, was mich gerade bewegte!

Du weißt, woher der Wind so stürmisch weht,
und du gebietest ihm, kommst nie zu spät,
drum wart ich still, dein Wort ist ohne Trug,
du weißt den Weg für mich, das ist genug.

Nachdenklich saß ich auf dem Klavierstuhl. Hatte Gott nicht für alles einen Plan? Wusste er nicht schon jetzt, was wirklich gut für mich war? »Welch ein Esel bin ich doch«, so ging es durch meinen Kopf, »dass ich mich von einer Nachricht, die mir nicht gefällt, so durcheinanderbringen lasse!«

Mit diesen Liedversen war natürlich noch nichts gelöst. Aber Gott hatte mich auf liebevolle Weise genau dieses Lied aufschlagen lassen! Da war ein Mensch in ähnlicher Lage, wie ich jetzt war. Doch dieser Mensch vertraute Gott zuversichtlich, dass ER den Weg wusste und die Zeit. Ja, das wollte ich auch: Ich wollte vertrauen, auch wenn mein Kopf rebellierte. Mein Glaube an Gott sollte nicht nur eine Religion für Wohlfühltage sein!

Gottes Reden zu mir während einer Predigt

An einem der darauffolgenden Sonntage predigte in unserer evangelischen Kirche in Ludwigshafen Walter Trobisch, ein Gastpfarrer. Er war erst vor wenigen Wochen aus Kamerun zurückgekommen. Dort hatte er mit seiner Frau Ingrid den Menschen die Frohe Botschaft von Jesus gebracht. Unter anderem hatte er auch Studenten unterrichtet. Ihn bedrückte die Not der jungen Menschen, weil niemand mit ihnen über persönliche Dinge sprach. Vor allem hatten sie Fragen, was Freundschaften anging und die Art, wie Gott sich Sexualität ausgedacht hat. Ein Briefwechsel über dieses Thema, den Walter mit einem jungen, verliebten Paar führte, wurde mit Einverständnis der beiden ein Buch: »Ich liebte ein Mädchen«. Dieses Buch erschien später in über 70 Sprachen.

Walter Trobisch hatte damals mit seiner Frau fünf Kinder im Alter zwischen drei und zehn Jahren. Wir als Familie hatten in den Jahren zuvor immer die spannenden Berichte gelesen, die sie aus Kamerun geschickt hatten. Dadurch war in mir ein tiefer Wunsch entstanden, später ebenfalls einmal in Kamerun Gott zu dienen.

Während ich in der Kirche seiner Predigt zuhörte, klang in meinem Herzen eine fast unüberhörbare Stimme: »Bei diesen Menschen ist dein Platz.« Das war irritierend für mich, denn ich kannte diese Missionarsfamilie weder persönlich, noch hatte ich irgendeine Ahnung, wie ich für sie hätte eine Hilfe sein können.

Nicht einmal kochen konnte ich und auch keine Korrespondenz übernehmen. Mit meinem Latein und Griechisch, das ich gelernt hatte, konnten sie sicher auch nicht viel anfangen. Doch der Satz, der so deutlich bei mir hängen geblieben war, beschäftigte mich.

Ich bat meinen Vater, Kontakt mit Walter aufzunehmen, denn die beiden kannten sich schon seit Langem. Walter reagierte sofort positiv: »Das ist eine Erhörung von Gott. Ruth könnte sich um die Kinder kümmern, mit ihnen Hausaufgaben machen. Kochen würde sie sicher auch lernen. Nur mit der Bezahlung wird es schwierig werden, da wir selbst nur ein kleines Gehalt haben.« Meine Eltern sagten zu, das Taschengeld zu übernehmen, das ich zum Leben brauchen würde.

Welch ein wunderbarer Gott, der mich bisher geführt hatte! Ich hatte den Weg nicht gewusst. ER aber kannte ihn bis ins Einzelne. Ich hatte Pläne, aber Gottes Plan war weit besser. Ich konnte nur mit den Worten des Liedes von Hedwig von Redern bekennen: »Ich preise dich für deiner Liebe Macht, ich rühm die Gnade, die mir Heil gebracht.« Dass mein späterer Ehemann mit Nachnamen ausgerechnet »Heil« hieß, wurde für mich zu einer ganz besonderen Bedeutung.

Getrost an seiner Hand!

An seiner Hand gehst du,
bist voller Mut,
gehst keinen Schritt allein.
Denn dieses weißt du fest:
ER will für dich das Best',
will immer, immer bei dir sein.
ER sieht schon jeden Schritt,
auch deine Angst,
IHM ist nichts unbekannt.
Und dieses weißt du fest:
»Ach Herr, du hältst mich fest.
Getrost geh ich an deiner Hand.«

Ruth Heil

Begegnung mit meinem Mann

Ein Lehrjahr der besonderen Art

Dann begann eine Lehrzeit der besonderen Sorte. Ein Jahr lang war ich in Mannheim in der Trobisch-Familie tätig – ein reiches Jahr! Langsam lernte ich all die Dinge, die man können sollte, wenn man in einem Haushalt tätig ist. Kochen, putzen, bügeln, mit Kindern Hausaufgaben machen und vieles mehr. Bei Trobischs gingen interessante Menschen ein und aus. Dr. Bovet, ein bekannter Schweizer Eheberater, beeindruckte mich durch seine Ausführungen zur Ehe. Aber auch Besucher aus Kamerun lernte ich kennen.

Ein Theologiestudent tauchte zweimal pro Woche zum Essen auf. Für Walter Trobisch korrigierte er Buchmanuskripte und besprach mit ihm theologische Themen, denn sein Hobby waren Sprachen. Die hebräische Sprache liebte er besonders. Hans-Joachim war für Walter so etwas wie Melanchthon für Martin Luther, meinte Walters Frau einmal.

Dieser junge Mann war freundlich und zurückhaltend. Mehr und mehr lernte ich ihn schätzen. Doch eine Bemerkung meines Bruders hielt mich zurück, meine Gefühle zu zeigen: »Schwesterchen, ich würde nie ein Mädchen wirklich lieben, das mir nachläuft und um das ich nicht werben könnte.«

Hans-Joachim fühlte auch Zuneigung, wusste aber nicht, wie er mir das zeigen oder sagen könnte. Das Ganze zog sich viele Monate hin. Als ich im Auftrag von

Trobischs für einige Wochen in Österreich zu tun hatte, nahm Hans-Joachim die Gelegenheit wahr: Er bot der Mutter von Trobischs – die einige Straßen entfernt wohnte und bei der ich ein Zimmer gemietet hatte – an, ihre Ölöfen zu reinigen, wie es damals üblich war. Auf diese Weise kam er in mein Zimmer und legte ein Schokoladenherz in mein Bett. Er hoffte, ich würde bei meiner Rückkehr fragen, wer in meinem Zimmer gewesen sei. Aber die alte Dame hatte wohl Besuch gehabt und ihn in meinem Bett übernachten lassen. Dieses Herz habe ich nie gefunden!

Ich mochte Hans-Joachims liebevolle Art. Nach dem gemeinsamen Mittagessen half er auch immer in der Küche beim Abspülen. Ich war zurückhaltend und er war einfach nur freundlich. So dachte ich jedenfalls. Irgendwann stand die zehnjährige Trobisch-Tochter Kathryn in der Tür zur Küche, lehnte sich an den Türrahmen und meinte: »Ruth, der liebt dich!« Wir lachten dann zusammen.

Eines Morgens war Hans-Joachim tief betrübt. Wie sollte ein Kontakt zu mir zustande kommen? War es überhaupt Gottes Wille? Waren er und ich überhaupt von Gott füreinander bestimmt? Als Antwort beschenkte Gott ihn mit einem Vers aus den Psalmen, der ihm die Sicherheit gab, dass ich seine Frau werden würde: »Das Los ist mir gefallen aufs Liebliche; mir ist ein schönes Erbteil geworden« (Psalm 16,6).

Es erfasste ihn eine solche Freude, dass er das Haus verließ und zur nächsten Telefonzelle rannte, um Walter Trobisch anzurufen. Voller Glück rief er ins Telefon: »Ruth wird mal meine Frau!« Walter hatte keine Ahnung, was er damit sagen wollte; zudem hatte er eine kleine Tochter mit Namen Ruth. So fragte er: »Meinst du die kleine Ruth oder die große Ruth?«

Nun offenbarte Hans-Joachim ihm seine Zuneigung zu mir und bat ihn um Hilfe. Gemeinsam fassten sie einen Plan: Walter würde mir vorschlagen, dass Hans-Joachim mir dabei helfen könnte, meinen unterbrochenen Französischkurs fortzusetzen.

So lernte ich also Französisch bei Hans-Joachim. Französisch kann ich leider bis heute nicht besonders gut, schade … Aber dafür verlobten wir uns einige Zeit danach.

Durch die Eheberatungsarbeit der Trobischs kamen wir früh in Kontakt mit Eheproblemen und anderen Nöten und hatten dadurch bereits unsere ersten Anleitungen, was Beratung angeht. Die folgenden drei Jahre verbrachte ich in der Krankenschwesternausbildung in Frankfurt. Schon dort konnte ich das Gelernte umsetzen, wenn sich junge Menschen mit Problemen an mich wandten.

Diese Einführung in die Eheberatung wurde uns später in der eigenen Ehe eine Hilfe. Aber auch im Rahmen der Kirchengemeinde, in der mein Mann dann als Pfarrer diente, durften wir Menschen weiterhelfen, die in Beziehungskrisen steckten. Dass das gelang, war aber weniger unserem damals noch recht anfängerhaften Wissen zu verdanken als vielmehr den heißen Gebeten,

Gott möge uns Weisheit schenken. Und nach weiteren Ehejahren und mehreren Kindern begannen wir selber mit großer Freude Eheseminare.

Als Walter Trobisch 1979 unerwartet starb, wählten Pfarrer und Freunde von ihm meinen Mann zu seinem Nachfolger. Seit dieser Zeit ist mein Mann der erste Vorsitzende von Family Life Mission International (FLM). Außer Kamerun sind mehr als zehn weitere Länder dazugekommen, in denen dieses Missionswerk Eheseminare in Zusammenarbeit mit einheimischen Kirchen anbietet.

Viel später, mit inzwischen 60 Jahren, saß ich im Flugzeug, um das erste Mal nach Kamerun zu reisen. Ich hielt ein stilles Gespräch mit meinem Herrn: »Herr«, fragte ich, »es ist nicht unbedingt nötig, dass ich jetzt im Alter nach Kamerun reise, um ein Eheseminar zu halten. Da sind inzwischen andere, die es sicher genauso gut oder noch besser machen als ich. Wieso hast du mir dann eine Tür aufgetan?«

Mir liefen die Tränen übers Gesicht, als ich die innere Antwort vernahm: »Ich wollte dir eine Freude bereiten.«

Ja, es stimmt: ER weiß den Weg für mich, das ist genug.

Verlobung

Am Ende dieser intensiven Zeit bei den Trobischs feierten wir unsere Verlobung. Danach begann meine Ausbildung zur Krankenschwester im Markus-Krankenhaus in Frankfurt. Auch mein Verlobter war noch mitten im Studium in Heidelberg. Viele Monate Wartezeit auf unsere Hochzeit lagen vor uns. Wir hatten das gemeinsame Ziel, später in der Mission in Kamerun unserem Herrn Jesus zu dienen. Das alles schien in weiter Ferne.

Unser großer Wunsch war, in dieser Zeit wirklich als Verlobte und noch nicht wie Verheiratete zu leben. Und das war nicht immer leicht. Wir schrieben uns fast täglich Briefe, um unserer Liebe Ausdruck zu verleihen. Mein Verlobter hatte tausend Ideen, um mich dabei zu überraschen. Wir sahen uns nur jede zweite Woche, um die Flamme unserer Liebe kleinzuhalten, und übernachteten dabei nie im selben Haus. Heute blicke ich in Dankbarkeit zurück, weil unsere Liebe viele Vorräte gesammelt hat, um einander Freude zu bereiten.

Krankenschwesternausbildung in Frankfurt

Gott hat überall Aufgaben für uns, das erlebte ich auch in meiner Ausbildungszeit. Unser Kurs bestand aus lauter motivierten jungen Menschen. Bei der Vorstellung merkte ich jedoch, dass nur wenige etwas mit Gott zu tun haben wollten. Als wir nach unseren Motiven gefragt wurden, äußerte ich, dass ich später in die Mission nach Kamerun gehen wolle. Das war etwas befremdend für einige. Doch ansonsten kamen wir gut miteinander aus. Aber es fehlte mir, dass ich mit jemandem beten konnte. Beim Mittagessen im Speisesaal merkte ich, dass eine Pflegehelferin betete, bevor sie zu essen begann. Das war der Start für unseren kleinen Bibelklub.

Mit Hingabe ging ich meinem Beruf nach. Ich liebte die Menschen. Oft lagen Patienten weinend im Bett, wenn die Chefvisite vorbei war und sie gehört hatten, was ihre Diagnose war. Dann drehte ich anschließend meine »Runde«, um sie zu trösten und mit denen, die es wollten, zu beten.

Obwohl wir ein christliches Krankenhaus waren, gefiel das manchen Mitarbeitern überhaupt nicht. Ich machte dafür zwar öfter Überstunden, aber besonders eine der Schwestern ließ mich spüren, dass sie mich dafür bestrafen würde. Sie war Bahai-Anhängerin und sagte mir, dass diese Religion einst die Welt beherrschen würde. Leider hatte sie am Ende der drei Ausbildungsjahre beim Examen Mitspracherecht. Ich war davon nicht begeistert und sagte Gott meine Sorgen. Aber ich wollte IHM vertrauen, egal, was am Schluss bei der Note herauskommen würde.

Mein leiblicher Bruder, der zu dieser Zeit als Student in Frankfurt war, tröstete mich mit dem Wort aus der Ostergeschichte der Evangelien, wo die zum Grab Jesu kommenden Frauen sich fragten: »Wer wälzt uns den Stein von des Grabes Tür? Und sie sahen auf und wurden gewahr, dass der Stein abgewälzt war« (Markus 16,3.4).

Dieses Wort ließ der Herr in Erfüllung gehen: Ich erhielt als Gesamtnote eine Eins. ER hatte den Sorgenstein weggewälzt. Dank sei IHM!

Zugfahrten

Ein Eintrag aus meinem Tagebuch:

»Zwischen Ludwigshafen, wo meine Eltern wohnen, und Frankfurt, meinem Ausbildungsplatz, pendle ich per Bahn, sooft ich meine freien Tage habe. Ich kann es einfach nicht lassen, Menschen mit dem Evangelium bekannt zu machen. Oft gehe ich durch die Wagen des Zuges und teile Traktate aus. Manchmal komme ich dabei mit Menschen ins Gespräch. ›Ob es jemals einen Menschen gibt, der dabei Jesus findet?‹, frage ich mich. Wie sehr hoffe und bete ich darum.

Monate später bin ich in einer evangelistischen Veranstaltung in Frankfurt. Der riesige Saal ist gut gefüllt. Ich sehe weiter hinten in der Mitte noch einen freien Platz. Jemand winkt mir. Ich bitte darum, durchgehen zu dürfen. Der Mann, der gewinkt hat, schaut mich an und meint: ›Wegen Ihnen bin ich hier. Ich habe Sie gleich erkannt!‹ Etwas irritiert frage ich: ›Wo sind wir uns begegnet?‹ Er: ›Im Zug. Sie gaben mir solch eine Schrift über Jesus. Die hat mich fragend gemacht. Deshalb kam ich heute Abend hierhin!‹ Welche Freude hat mich da erfasst!«

Unsere Hochzeit

Endlich lag mein Schwesternexamen hinter mir. Hans-Joachim hatte seine erste Vikarstelle angenommen und war schon in die Dienstwohnung eingezogen. Der Weg für unsere Hochzeit war frei.

Wir heirateten mitten im eiskalten Winter. Frischer

Schnee war gefallen. Aber ich brauchte außer dem ärmellosen Hochzeitskleid und dem Spitzenjäckchen keine Jacke. Mein Herz war erfüllt von einer riesigen Freude und Wärme.

Unser Trauvers war aus Jesaja 61,1.2: »Der Geist Gottes des Herrn ist auf mir, weil der Herr mich gesalbt hat. Er hat mich gesandt, den Elenden gute Botschaft zu bringen, die zerbrochenen Herzen zu verbinden, zu verkündigen den Gefangenen die Freiheit, den Gebundenen, dass sie frei und ledig sein sollen; zu verkündigen ein gnädiges Jahr des Herrn.« Was für eine gewaltige Botschaft! Ein Kommilitone aus Ha-Jos Studienzeit traute uns.

Eigentlich ist dieser Text im Blick auf das Kommen des Messias aufgeschrieben. Aber es ist Jesus selbst, der uns in Markus 16 als seine Jünger mit dieser Salbung ausstattet, damit wir diesen Auftrag ausführen können. Für uns klang dieser Text wie eine Berufung, die Gott uns für unsere Ehe mitgab.

Noch heute bin ich erfüllt und beglückt von dem Geschenk, das Gott geschaffen hat, als er Adam und Eva erschuf. Welch ein Segen, eins zu werden mit dem geliebten Menschen. Wie wunderbar, dass wir einander gehören dürfen!

Nach der Vikariatszeit in Ladenburg zogen wir um nach Pforzheim. Unser erster kleiner Schatz wurde dort geboren. Danach wurde mein Mann Pfarrer in der Gemeinde in Hoffenheim bei Sinsheim.

Kinder- und Jugendarbeit in Hoffenheim

Ha-Jo, mein Mann, war überall beliebt bei den Menschen in der Gemeinde. Er machte Seelsorgebesuche, hielt Schulunterricht, beriet Menschen in Not, die zu uns kamen. Da besuchte uns täglich eine verzweifelte Frau. Selbstmordgedanken jagten sie. Die Scheidungsphase, in der sie sich befand, löste Gott nach Monaten in wunderbarer Weise auf durch einen Neuanfang ihrer Ehe! Die Gottesdienste waren außerordentlich gut besucht, ein Aufbruch war sichtbar.

Die Kinderstunden bereiteten nicht nur den vielen Kindern Freude, sondern auch mir. Die Kinder des Dorfes liefen mir nach wie dem »Rattenfänger von Hameln«. Und ich liebte sie! Über hundert Kinder kamen sonntags zum Kindergottesdienst. Leider durfte ich keine weiteren Helfer engagieren, da dies nach Auffassung des Presbyteriums die alleinige Aufgabe der Frau des Pfarrers war! Auch unter der Woche traf ich mich mit den Kindern zur Kinderstunde. Da ging es oft lustig und laut zu, wenn bei der Sintflut der Regen »herunterprasselte« oder die Heuhüpfer bei den Plagen in Ägypten herumsprangen. Und mit Begeisterung machten die Kinder mit, wenn wir zur Gitarre sangen und den Text mit Bewegungen unterstrichen. Es war eine große Freude, zu sehen, wie Gott in die Herzen der Kinder hineinsprach.

Leider gab es noch keine Jugendarbeit.

Es schmerzte mich, dass kaum junge Menschen zur Kirche kamen. Außer Präparanden und Konfirmanden war von der Jugend niemand da. »Bitte kündige doch heute im Gottesdienst ab, dass ab nächster Woche im Pfarrhaus Jugendstunden stattfinden«, bat ich meinen Mann. Er wollte nicht so recht. Sein Argument war: »Ich kann es zwar abkündigen, aber wer sollte denn kommen, wenn doch kein Jugendlicher in der Kirche ist, um es zu hören?« Trotzdem sprach er es im Gottesdienst an. Er hatte leider recht – zu meiner Enttäuschung kam keine Menschenseele.

Ich begann, Jesus um einen einzigen Menschen zu bitten, mit dem ich dafür beten könnte. Und ER erhörte meine Bitte. Elfi war gerade frisch von der Jesus-People-Bewegung nach Hause zurückgekommen. Ihr Herz war entzündet von der Liebe Gottes. Zu zweit begannen wir, Gott zu bitten, jungen Menschen eine Sehnsucht nach ihm ins Herz zu legen. Und Gott erhörte uns!

Dann begann das Abenteuer. Im Keller richteten wir auf dem gestampften Boden den Jugendraum ein. Die Jugendlichen kamen plötzlich, auch aus den umliegenden Orten. Andere wurden zum Zwischenstopp in den Keller eingeladen. Es ging oft hoch her, wenn ein Teenie während der »Andacht« seine Freundin auf dem Schoß hatte und ich darum bat, sie solle doch wenigstens für diese Zeit neben ihm Platz nehmen. Wir sangen, dass die Wände wackelten. In uns brannte ein Feuer von Jesus, das viele ansteckte.

Aus meinem Tagebuch: »Wir sitzen auf alten Tischen, deren Füße ich abgesägt habe. Alte Matratzen habe ich mit noch älterem Vorhangstoff bezogen. Durch die Metalltür betritt man den Kellerraum. Die Jugendlichen schleifen alle jungen Menschen an, denen sie begegnen, bringen abends sogar Leute mit, die sie als Anhalter aufgegabelt haben. Wir singen fetzige Lieder zur Gitarre – und Gott ist unter uns. Gottes Wort spricht in die Herzen. Jugendliche kommen von überall.«

An Wochenenden und in den Ferien feierten wir immer wieder im großen Pfarrgarten Events, hielten Freizeiten ab, hatten wunderbare Missionare aus aller Welt als Gastprediger. Wir verbrachten Tage oder Wochenenden mit ihnen und hausten in unserem großen Pfarrhaus unterm Dach, im Keller und in Zelten. Jugendliche wendeten sich Gott zu, klare Bekehrungen fanden statt. Menschen brachten ihr Leben mit Gott und ihren Nächsten in Ordnung. Ein Teil der Jugendlichen wohnte auch für einige Zeit mit uns im Haus. Unterm Dach die Mädchen, in den weitläufigen Kellerräumen die Jungs. Mit Morgenandachten begann der Tag.

Erweckung

Sündenerkenntnis brach auf, manchmal ganz spontan nach einer Bibelarbeit. So hatte ich an einem Abend über 1. Johannes 1,7–9 gesprochen: »Wenn wir aber unsre Sünden bekennen, so ist er treu und gerecht, dass er uns die Sünden vergibt und reinigt uns von aller Ungerechtigkeit.« Hinterher fragte mich Pete ganz entsetzt: »Müssen wir alle Sünden bekennen?« – »Ja! Sonst können sie auch nicht vergeben werden.« – »Dann kannst du mal am Samstag besonders für mich beten«, seufzte er. »Da muss ich einen schweren Gang tun!«

Irgendwann später erzählte er mir die ganze Geschichte: Als Teenager hatte ihn immer wieder die Lust gepackt, mal richtig was zu erleben. »Wie wäre es, wenn ich die Scheune des Bauern anzünden würde? Da wäre was los!«, hatte er bei sich gedacht – und dann tatsächlich die Scheune angezündet. Es war nie herausgekommen, wer der Täter war. Bis zu dem Abend hatte Pete es auch verheimlichen können. Aber nun, da der Vers aus dem 1. Johannesbrief ihm die Folgen seines Tuns bewusst gemacht hatte, konnte er nicht mehr schweigen. An jenem Samstag, als ich für ihn beten sollte, bekannte er dem Bauern seine Tat. Der Bauer war zutiefst erbost und schrie ihn an: »Egal, wie lange das her ist, egal, wie jung du damals warst, das kommt vor Gericht.« Und so geschah es dann auch.

Inzwischen war Pete in der Berufsausbildung in einem weiter entfernten Ort. Als wir uns nach Monaten zufällig begegneten, fragte ich ihn: »Wie geht es dir inzwischen mit dieser Sache?«

Er wusste gleich, wovon ich redete: »Es ist nicht leicht, denn ich muss jeden Monat von meinem wenigen Geld abgeben. Aber«, und er machte eine Pause, »ich schrecke nachts nicht mehr von dem Albtraum einer brennenden Scheune auf – und ich habe Frieden mit Gott.«

Zwar haben wir uns mittlerweile aus den Augen verloren, aber ich hörte, dass er Prediger einer Gemeinde geworden ist. Auch ein weiterer unserer ehemaligen Jugendlichen wurde Pastor. Und ein anderer wurde später mit seiner Frau (auch einer Jugendlichen von damals) Pate für eines unserer Kinder.

40 Jahre später traf ich bei einem Frauenfrühstück, zu dem ich nach Meiningen eingeladen war, Monika, ebenfalls eine unserer damaligen Jugendlichen – sie organisiert jetzt diese Treffen.

Wir durften Samen ausstreuen und Gott ließ ihn aufgehen. Ehre sei seinem Namen!

Missionare, Freunde, Jugendliche und Kinder gaben sich bei uns die Türklinke in die Hand. Aber auch Bettler suchten uns auf der Strecke Heilbronn–Heidelberg, der Entlassungslinie aus dem Gefängnis, auf. Verschiedene halfen uns für einige Zeit im Garten, einer wohnte eine Zeit lang bei uns. Leider mussten wir später viele Lügen entdecken. Einer nutzte die Gelegenheit, unsere persönlichen Karteikarten abzuschreiben und nach seinem Aufenthalt bei uns eine Rundreise zu unseren Freunden anzutreten und ihnen vorzumachen, er sei in großer Not – und wir hätten ihn geschickt, damit sie ihm helfen sollten!

Ha-Jo opferte sich weiter für die Menschen auf. Schule, Gottesdienste, Krankenbesuche, die üblichen Kasualien – Taufen, Hochzeiten, Beerdigungen – und weitere Verpflichtungen wie zum Beispiel Kindergartenrenovierungen kosteten ihn viel Kraft. Er war immer stärker gefordert in seinem Beruf als Pfarrer und hatte große Mühe, allen Aufgaben nachzukommen.

Manchmal hatten wir kaum Zeit, Worte miteinander zu wechseln.

Eines Abends wartete ich im Schlafzimmer auf ihn. Ich sehnte mich so sehr nach einem wenigstens kurzen »normalen« Gespräch. Aber er war zu erschöpft: »Wenn du mich liebst, sag kein Wort, lösche das Licht und schlafe!«

Ich war so enttäuscht, dass ich mich anzog und durch das dunkle Dorf lief mit dem Gefühl: »Keiner liebt mich. Niemandem bin ich wichtig. Ich bin wie ein einsames, verlassenes Wesen, das immer nur geben soll.« Und dann betete ich noch: »Herr, schenke bitte, dass mich jetzt niemand erkennt und mich morgen fragt, warum ich nach Mitternacht umhergelaufen bin.« Aber da fühlte ich auf einmal IHN an meiner Seite: »Du bist mein und ich bin dein.« Wie gut, dass keine Krise mich von Gott trennen kann!

Ehekrise

Durch die ständige Überforderung und die wenige Zeit miteinander als Ehepaar kamen wir in eine Ehekrise. Ich fühlte mich oft heimatlos. Als eines Tages Walter und Ingrid Trobisch bei uns waren, klagte ich Ingrid mein Leid: »Wir sind schon vier Jahre verheiratet. Das sind viermal 365 Tage! Und trotzdem kennen wir uns nicht wirklich!«

»Ach Ruth«, meinte sie, »da kommt ihr ja bald vom Kindergarten in die Schule! Nicht Heimat suchen, Heimat werden«, riet sie mir. »Lass dich von Gott immer neu mit Liebe und Kraft füllen. Wie ein Brunnen mit mehreren Schalen – gib einfach nur weiter, was du von Gott empfängst.« Das klang gut. Aber wie konnte ich es umsetzen?

Burnout

Ha-Jo hatte bei den Gottesdiensten mit Schwindel und Gleichgewichtsstörungen zu kämpfen. Die Presbyter reagierten liebevoll besorgt: »Herr Pfarrer, wir stellen Ihnen einfach einen Sessel auf. Dann können Sie von dort aus predigen.« Leider reichte das nicht zu seiner Heilung. Ich übernahm, was mir möglich war, hielt die Konfirmandenstunden, versuchte, ihn abzuschirmen. Wir konsultierten viele Ärzte, ohne dass er Hilfe erfuhr.

Schließlich sprachen wir beim Oberkirchenrat in Karlsruhe vor. Nachdem der sich über alles informiert hatte, meinte er: »Ich könnte Sie als Krankenhauspfarrer einsetzen. Aber in Ihrem jetzigen Zustand wäre auch das eine Überforderung. Es ist am besten, Sie gehen in den vorläufigen Ruhestand. Da ist Ihnen jeder Stress genommen. Werden Sie also in aller Ruhe gesund und melden Sie sich dann wieder.«

Mit einem Schlag war unser ursprünglicher Wunsch, in ein paar Jahren durch die badische Landeskirche in die Mission ausgesendet zu werden, wie eine große Seifenblase zerplatzt!

Als sich die Nachricht von der krankheitsbedingten Versetzung meines Mannes in den vorläufigen Ruhestand verbreitete, waren viele Gemeindeglieder betrübt.

Aber es gab auch böse Zungen, die höhnisch sagten: »Anderen hat er geholfen, jetzt kann er sehen, wie ihm geholfen wird.« Das war sehr schmerzhaft.

In den Ruhestand versetzt

In den vorläufigen Ruhestand versetzt – dieses Angebot war auf der einen Seite eine große Entlastung, auf der anderen Seite ein totaler Schock. Wohin sollten wir umziehen, wie mit dem geringen Einkommen, das wir jetzt, nach nur wenigen Jahren Dienst in der Kirche, bekommen würden, mitsamt drei Kindern eine Wohnung finden? Welche Aufgabe würde es für uns überhaupt noch geben?

Mein Mann fiel in eine tiefe Depression. Alles schien aussichtslos. Wir hatten ja wie gesagt vorgehabt, nach unserer Dienstzeit in Deutschland als Missionare nach Afrika zu gehen. Was hatte Gott mit uns vor? Hatte ER überhaupt noch einen Plan für uns?

Meine Eltern wollten in wenigen Wochen in ein kleines Dorf im Pfälzer Wald umsiedeln. Die Wohnung war schon gemietet. »Schau dir die Wohnung einfach mal an«, meinte meine Mutter zu mir. »Ihr könnt gerne dort einziehen.«

Hans-Joachim war inzwischen physisch und psychisch so ausgelaugt, dass er mir alle Entscheidungen überließ. Ich fuhr allein los, um mir ein Bild zu machen. Es war April. Bei der Fahrt durch den Pfälzer Wald wurde mein Herz neu belebt durch das frische Frühlingsgrün und die Luft, die nach Wiesen und Blumen duftete. Es kam mir ein wenig so vor, als würde ich durchs Paradies fahren. Ja, hier konnte ich mir vorstellen, mit unserer Familie zu wohnen und unsere Kinder aufwachsen zu sehen. Gott würde für uns alle sorgen. Mein Herz wurde voll Lob, Dank und Anbetung, dass ER einen Platz für uns vorbereitet hatte!

Zerschellte Träume

Es war inzwischen Anfang Mai. Wir nahmen Abschied von unserem lieb gewordenen Dorf. Menschen schmückten unser Auto mit frischen Birkenzweigen. Es war so viel Liebe da. Aber in unserem Herzen waren tiefe Dunkelheit, Unsicherheit und Aussichtslosigkeit. Was hatte Gott mit uns vor?

Wir fuhren hinter dem Umzugswagen her in eine unbekannte Zukunft. Ich weinte vor mich hin, während ich unser Auto lenkte. Mein Mann saß stumm neben mir. Die Jugendlichen hatten sich angeboten zu helfen. Mit uns kamen sie in Fischbach an. Sie schleppten fröhlich alles in die Wohnung, sangen und füllten das Haus mit Lachen, während einige mit den Kindern spielten. Viele unserer Möbel konnten wir nicht nutzen, weil die neue Wohnung viel zu klein war. So wurde alles, was nicht ins Haus passte, in die gegenüberliegende Fabrikhalle gestellt. Mit Gesang und Gebet verließen die jungen Leute uns wieder.

Eine gewisse Heiterkeit breitete sich in mir aus. Bis hierher hatte Gott uns geholfen. Warum sollte er das nicht auch weiter tun?

Wir waren im Pfälzer Wald angekommen. Die Wohnung war winzig, mit zwei Zimmern und Küche. Aber in die Küche passte unser großer Tisch und man konnte in der Speisekammer eine winzige Küchenzeile anbringen, wenn man die Tür aushängte. Unser Wohnzimmer wurde gleichzeitig das Schlafzimmer, und das Kinderzimmer hatte gerade Platz, um das Stockbett aufzubauen für die beiden älteren Kinder und das Kinderbettchen unserer Kleinsten. Unter unserer Wohnung waren leer stehende Büroräume und gegenüber eine verlassene Fabrikhalle. Auf unserer Etage wohnte nur noch ein älteres Ehepaar.

Bei meiner Erkundungsfahrt in die Umgebung erlebte ich dann einen Schock: Ich entdeckte ein riesiges Depot der US-Armee. Ich hatte gedacht, wir zögen ans Ende der Welt und in die Natur – und dann so etwas! Entsetzt fragte ich einen Einheimischen, was da lagere, und erhielt als Antwort: »Atomraketen und vieles andere. Wir brauchen hier gar keinen Krieg. Wenn da etwas in die Luft geht, gibt es ein riesiges Loch bis nach Dahn.« Das ist eine 20 km entfernte Kleinstadt.

Völlig verzweifelt kam ich nach Hause und erzählte meinem Mann, was ich erfahren hatte. Ihn schien das weniger zu beunruhigen. »Weißt du, wir können überall sterben«, meinte er. Dann streckte er mir seine große Hand entgegen und sagte: »Es gibt nur einen sicheren Platz, und das ist die Hand Gottes!« Dieser Satz geht mir bis heute nach, wenn ich vor einem Unternehmen stehe, das mir Sorge oder Angst macht.

Ein Therapeut wird zum Segen

Gott schenkte uns einen wunderbaren Therapeuten, der meinem Mann zum Segen wurde. Der Burnout verzog sich nicht einfach von heute auf morgen. Es waren Monate und Jahre, die uns als Familie oftmals an Grenzen kommen ließen. Aber mehr und mehr musste auch diese Krankheit weichen.

Die Arbeit von Walter Trobisch, unserem Vorbild und Seelsorger, war durch sein in viele Sprachen übersetztes Buch »Ich liebte ein Mädchen« inzwischen viel gefragt. Nun hatte er seine Sekretärin durch plötzlichen Tod verloren. Sie war für die Korrespondenz der französischen, englischen und spanischen Post zuständig gewesen. »Hans-Joachim«, bat er meinen Mann, »könntest du bitte eine Zeit lang ihre Aufgabe übernehmen? Du kannst all diese Sprachen, die benötigt werden.« Mit ein wenig Zittern und Zagen sagte mein Mann zu.

Das war der Beginn des Weges aus der Krise. Immer mehr Anfragen kamen hinzu: Gottesdienstvertretungen, Ehevorträge, Seminare, Seelsorge. Gott öffnete neue Türen und wir staunten neu über seine Wege.

»Das ist dein Afrika«

Als ich eines Tages das kleine Zimmer unter dem Dach putzte, das wir als Büro dazugemietet hatten, stellte ich Gott meine Fragen: »Herr, du hast uns einen Auftrag für Kamerun gegeben. Und jetzt bin ich hier auf einem Dorf in Deutschland, wechsle Babywindeln, putze den

Boden und koche. Was ist aus meinem Afrika geworden?« Tränen liefen mir übers Gesicht.

Da fiel ein Sonnenstrahl auf den Schreibtisch meines
Mannes. Ich entdeckte jede Menge afrikanische Briefmarken auf den Umschlägen der Briefe, die mein Mann be-
antworten sollte. »Das ist dein Afrika«, hörte ich in meinem Innern die Antwort. Ich spürte neu, dass Gott meine
Treue wollte, auch im Kleinen, auch da, wo es mir auf den
ersten Blick vielleicht nicht passte. Jetzt war die Zeit, in
der ich meine Zeit unseren Kindern schenken sollte, die
ER uns als wertvollste Geschenke anvertraut hatte.

Dass Gott jedoch den in meiner Kindheit vernom-
menen Ruf nach Kamerun nicht vergessen hatte, zeigte
er mir sehr viel später. Ich war 60 Jahre alt, als ich zum
ersten Mal afrikanische Erde betrat!

»Seid ihr reich?«

Inzwischen hatten wir drei Kinder. Unsere Räumlich-
keiten wurden nicht größer, dafür die Zahl unserer Kinder. Und immer noch war mein Wunsch nach weiteren
Kindern da. Außer den eigenen kamen Pflegekinder
und Nachbarskinder dazu.

Schon in jungem Alter war in meinem Herzen der
Wunsch gewesen, einmal zwölf Kinder zu bekommen!
Jeder lachte mich damals aus, dem ich das erzählte.
Und eigentlich konnte ich niemandem erklären, war-
um solch eine riesige Zahl in meinen Gedanken war.
Unsere gesamte Verwandtschaft bestand aus Familien
mit einem oder zwei Kindern.

Als ich dabei war, ein Buch zu schreiben, fragte mich eines der Nachbarskinder: »Frau Heil, wie heißt denn das neue Buch? Vielleicht ›Die glückliche Familie Heil?‹« Trotz der Enge gab ich Teenagern Gitarrenunterricht und wir liebten es, Gäste zu haben.

»Seid ihr reich?«, wurde ich einmal gefragt. »Ja, wir haben viel investiert in lebendiges Material! Wir haben Kinder!«

Aufsehen zu Jesus – IHN anschauen

Wenn ich Ihn anschaue,
empfange ich Heilung für meine Verletzungen.

Wenn ich Ihn anschaue,
fühle ich Kraft für meinen Alltag.

Wenn ich Ihn anschaue,
erfüllt mich neuer Mut.

Wenn ich Ihn anschaue,
empfange ich Liebe für schwierige Menschen.

Wenn ich Ihn anschaue,
wächst mein Vertrauen in seine Führung.

Wenn ich Ihn anschaue,
erwacht Hoffnung in mir – alles wird gut!

Ruth Heil

Aus unserem Familienalltag

Tagebuchaufzeichnungen über meine Erlebnisse mit Schwangerschaft, Geburt und Kleinkindern habe ich in meinem Buch »Du in mir« veröffentlicht. Die folgenden Aufzeichnungen berichten von meinen Erfahrungen mit unseren größeren Kindern. Voranstellen möchte ich diese Empfehlung:

Genieße jeden frohen Tag mit deinem Kind.
Schreib auf, wenn dein Kind sagt:
»Mama, du bist die Beste!«
Hüte es wie einen Schatz.
Die Zeit wird kommen, wo du »peinlich« sein wirst …

»Mama, du bist die Schönste!«
Im Flugzeug war ich unterwegs zu einer unserer Töchter. Den Jüngsten hatte ich mitgenommen. Wir standen an, weil er zur Toilette musste. Liebevoll schaute er zu mir auf und sagte leise: »Mama, du bist die Allerliebste und Allerschönste und Allerbeste!«

Eine ältere Dame, die direkt neben uns stand, bekam diese Worte mit. »Gehen Sie nach Hause und schreiben Sie es auf«, meinte sie zu mir. »Solche Dinge sind vergänglich und haben ein Verfallsdatum. Deshalb konservieren und sich immer wieder daran erinnern!«

Das gestrichene Küsschen
Als unsere Kinder klein waren, wusste ich genau, »wie

51

Erziehung geht«. Ich bemerkte auch, wenn andere Mütter Fehler machten. Ich war überzeugt, dass bei uns manche Schwierigkeiten gar nicht erst passieren würden. Etwas wusste ich allerdings noch nicht, nämlich: wie selbstgerecht ich war!

Die beiden Ältesten gingen inzwischen schon ihre eigenen Wege. Drei weitere waren ziemlich zeitgleich in der Pubertätsphase (die gefühlt bei manchen Kindern von 13 bis 25 geht!).

Gerade kam ein Teenagergirl nach Hause. Statt wenigstens Hallo zu sagen, fragte sie ganz gelassen: »Und – was gibt es heute zu essen? Ach, und noch etwas: Ab jetzt kannst du nicht mehr damit rechnen, dass ich dich nachmittags mit einem Küsschen begrüße. Das ist ersatzlos gestrichen. Morgens und abends kann ich es vorerst noch verkraften. Das ist eh noch viel zu viel.«

»Ich werd's überleben«, versuchte ich so cool wie möglich zu antworten. Innerlich aber empfand ich einen starken Schmerz, den Schmerz, den Mütter fühlen, wenn sie »aussortiert« werden. Nein, ich brauchte kein drittes Küsschen. Aber hatte ich etwas falsch gemacht, was sie nun veranlasste, so heftig auf etwas zu reagieren, was ich gar nicht einforderte?

Statt zu essen, ging sie danach direkt auf ihr Zimmer. Es dauerte nicht lange, bis eines der Geschwister zu mir in die Küche kam. »Mama, sie heult und lässt sich nicht beruhigen. Du musst nach ihr schauen!«

»Okay, ich komme!«, rief ich. Trotzdem war ich ziemlich verunsichert. So setzte ich mich ohne Worte an ihren Bettrand. Sie drehte mir demonstrativ den Rücken zu. Also hatte ich doch Schuld?

Da begann sie laut zu weinen. Ich blieb und wartete. Da floss mit den Tränen ein Schluchzen heraus: »Und ich dachte, Mama, du würdest um das Küsschen kämpfen!«

Ich war irritiert. »Hätte es gewirkt, wenn ich darum gekämpft hätte?«, fragte ich mich. Wahrscheinlich nicht. Aber das nächste Mal könnte ich es wenigstens probieren, nahm ich mir vor.

Nein, man kann nicht alles verstehen. Aber ich war froh, dass diese Geschichte so glimpflich ausging.

»Kannst du mal für mich beten?«

Abend für Abend hatte ich an jedem Bett gesessen, ein Lied gesungen und mit den Kindern gebetet. Auch als sie älter wurden, kam ich am Abend zu ihnen, wenn sie das wünschten – und wenn sie vor mir zu Bett gegangen waren! Bei ihrem Älterwerden fiel meistens das Singen weg. Manche wollten danach auch kein Gebet mehr und für sich allein beten – oder auch gar nicht. Aber ein kleines Abendritual blieb meistens, bei dem Erlebnisse ausgetauscht wurden, auch wenn man danach noch nicht schlafen ging.

»Mama, kannst du mal für mich beten?«, fragte mich eine Tochter am Abend, als ich an ihrem Bett saß. »Du hast doch einen heißen Draht nach oben. Den hab ich ein bisschen verloren, könnte ihn aber jetzt gerade brauchen. Da ist ein Junge im Ort, den ich unheimlich gern mag. Aber er beachtet mich überhaupt nicht. Du könntest doch beten, dass er sich für mich interessiert!«

»Okay«, stimmte ich zu, »aber sag mir zuerst einmal, wie er heißt.«

Als ich den Namen hörte, war ich ziemlich geschockt. »Ich kenn den Typen nicht. Aber was man von ihm hört, ist absolut nichts Gutes«, ließ ich sie wissen.

»Ich weiß das auch. Aber wenn er mein Freund wäre, würde er sich sicher ändern«, wollte sie mich überzeugen.

»Tut mir leid, aber dafür kann ich wirklich nicht beten! Doch ich will beten, dass du einen Jungen kennenlernst, mit dem du glücklich werden wirst.«

»Ach Mama!«, seufzte sie.

Ich konterte: »Wenn ich für den beten werde, der der Richtige für dich ist, kann es ja auch der sein, den du meinst!«

Okay, damit war sie einverstanden. Doch bevor ich Gott um Erhörung meines Gebets bat, sagte ich leise zu ihm und nicht für das Ohr meiner Tochter bestimmt: »Herr, du weißt, den meine Tochter haben will, den meine ich nicht mit dem Richtigen!«

Gott hat es sicher nicht immer leicht, wenn Menschen ihre unterschiedlichen Wünsche vor ihm ausbreiten und um Erhörung bitten. Jedenfalls ist diese Tochter schon seit vielen Jahren verheiratet und heute sehr froh darüber, dass ihr Gebet nicht so erhört wurde, wie sie es wollte.

Zum Geburtstag ein Lächeln

Wenn morgens das letzte der Kinder aus dem Haus gegangen war, setzte ich mich meist nochmals mit einer Tasse Kaffee an den Küchentisch zum Aufatmen. Den Jüngeren hatte ich vor dem Kindergarten noch die Hand auf den Kopf gelegt, um sie zu segnen. Den Großen »warf« ich einen Segen hinterher, wenn sie die Haustür hinausgingen.

Mancher meint ja, ganz gut ohne Segen leben zu können, bis er ihn dann doch ganz dringend in einer Situation braucht, diese liebende Fürsorge Gottes!

Die Launen und die fehlende Freundlichkeit des Teenageralters fielen mir zunehmend schwerer.

Es war kurz vor meinem Geburtstag. »Wir wollen dir nichts Unnötiges schenken«, traten die Großen an mich heran. »Es soll etwas sein, was dich wirklich freut. Wir legen zusammen. Du bist uns das wert!«

»Wow, das klingt echt gut und freut mich mehr als ein Geschenk«, sagte ich. »Aber wenn ihr mir wirklich etwas Wertvolles geben wollt, schenkt mir morgens ein Lächeln, wenn ihr in die Küche kommt.«

Mein Vorschlag erntete keine Begeisterung. Doch ich war gespannt, was an meinem Geburtstag aus meinem Wunsch werden würde.

Der Tag begann sehr geheimnisvoll. Sie wollten das Geschenk überreichen, wenn alle zusammen wären. Ich war echt gespannt. Dann kam der große Moment. Sie führten mich mit geschlossenen Augen ins Wohnzimmer. Dort durfte ich dann die Augen öffnen. Und da stand sie – gut 60 cm groß, eine wunderschöne Puppe mit goldblonden Haaren.

»Und – gefällt sie dir?«

Ich wusste nicht gleich, was ich antworten sollte.

»Das war doch dein Wunsch, oder nicht?«

Ich verstand immer noch nicht, aber dann dämmerte es mir, als die Kinder erklärten: »Siehst du, welch ein fröhliches Lächeln auf dem Gesicht der Puppe liegt? Da du dir so sehr ein Lächeln wünschst, kannst du jetzt immer zu der Puppe hingehen und dich anlächeln lassen!«

Nun konnte ich mit allen zusammen herzlich lachen.

Bis heute, nach über 30 Jahren, steht diese Puppe in meinem Arbeitszimmer und lächelt mich an, besonders dann, wenn ich sie mal wieder abgestaubt habe …

»Mama, das war oberpeinlich!«

Eigentlich brauchte er uns nicht mehr, unser Sohn. Lange schon hatte er seine Ausbildung abgeschlossen und wohnte weit weg von uns. Doch dann hatte er sich den Knöchel gebrochen. Nach der ersten Versorgung vor Ort holten wir ihn in ein Krankenhaus in unserer Nähe, um ein wenig für ihn sorgen zu können.

Wir hatten schon immer guten Kontakt mit unserem Jungen gehabt. Nur mit unserem Glauben an Gott hatte er so seine Probleme.

Kurz danach wurde auch ein junger Mann in das Krankenhaus eingeliefert. Er hatte einen schweren Unfall hinter sich. Mit dem Skateboard hatte er eine Straße überquert und dabei ein Auto übersehen. Er war unter eines der Räder geraten, das eines seiner Beine zertrümmert hatte. Aber nicht nur das Bein war gebrochen, auch sein Leben schien ihm dadurch zerstört zu sein. Dieser junge Mann lag nun mit unserem Sohn im selben Krankenzimmer.

Als ich unseren Sohn besuchte, ging ich auch zum Bett des Verletzten und begann eine Unterhaltung mit ihm. Er redete sehr offen mit mir, erzählte mir den ganzen Unfallhergang und offenbarte dabei auch seine Verzweiflung.

»Gott sieht Ihren Schmerz und Ihre furchtbare Not und lädt Sie ein, zu ihm zu kommen. Gott hat uns Jesus gegeben, damit wir einen Ansprechpartner haben, dem man sein ganzes Herz ausschütten kann, wenn man keinen Ausweg mehr sieht.« Und dann fragte ich ihn: »Darf ich mit Ihnen beten?«

»Ja gerne, beten Sie«, bat er mich.

Danach saß ich wieder am Bett meines Sohnes. »Das ist ja oberpeinlich, was du da machst«, meinte er. »Kannst du bitte damit aufhören?«

Es tat mir leid, dass ich unseren Jungen dadurch in solche Verlegenheit gebracht hatte.

Am nächsten Tag war ich wieder bei ihm im Krankenhaus.

»Mama, soll ich dir sagen, was geschehen ist? Nachmittags sind Verwandte meines Zimmernachbarn gekommen. Und weißt du, was er ihnen erzählt hat? Alles das, was du zu ihm gesagt hattest. Er hat ihnen sogar erzählt: ›Und zum Schluss hat die Frau noch mit mir gebetet. Das war das Beste!‹ Mama, ich denke, du hast doch keinen Fehler gemacht.«

Was Teenager über ihre Mutter denken
»Einen mir bekannten Menschen charakterisieren, puh, das ist ganz schön schwer«, stöhnte meine Tochter beim Nachhausekommen. »Wir sollen uns schon mal Gedanken machen, denn das wird das Thema der nächsten Klassenarbeit sein.«

»Es ist interessant, das Wesen eines Menschen zu beschreiben, denn man muss Worte für etwas finden, was man sonst nur unbewusst wahrnimmt«, entgegnete ich.

»Unangenehmes fällt einem da leider am schnellsten auf«, meinte sie nachdenklich. »Zum Beispiel, wenn jemand schnell ungeduldig oder unfreundlich ist. Aber das reicht nicht für eine Charakteristik.«

»Hast du schon jemanden im Blick?«, fragte ich interessiert.

»Keine Ahnung! Man sollte viel über die Person wissen, eben nicht nur, ob sie freundlich oder fies ist. Mal sehen.«

Wieder war ein Schultag zu Ende. Gerne hätte ich gewusst, welche Wahl unsere Tochter getroffen hatte, aber es passte ihr nicht, dass ich nachfragte. Also versuchte ich, sie nicht weiter zu plagen. Irgendwann würde ich ihre benotete Arbeit ja unterschreiben dürfen.

»Willst du sie sehen?«, fragte sie ein paar Tage später, als sie von der Schule nach Hause kam.

Ich war etwas irritiert. »Wen will ich sehen?«

»Na, die Klassenarbeit!«

Ja, ich wollte!

Sie hielt mir zwei Blätter hin, während ich beim Kochen war, und blieb erwartungsvoll vor mir stehen. Ich las laut die Überschrift: »Meine Mutter«.

Hatte unsere Tochter etwa über mich geschrieben? Sie war gerade 16 Jahre alt geworden und voller Energie. In unseren Unterhaltungen waren die Meinungen selten konform und es ging dabei nicht immer friedlich zu. Ich holte tief Luft, bevor ich weiterlas, während sie erwartungsvoll vor mir stehen blieb. Tausend Gedanken wirbelten durch meinen Kopf. Ich war im Elternbeirat aktiv und hatte einiges Gute in Bewegung bringen können. Was für ein Bild würde sich jetzt entwickeln?

Doch beim Weiterlesen erschütterte mich etwas anderes. Da standen so viele positive Eigenschaften über mich, dass ich von einigen nicht einmal selber etwas wusste. Noch weniger war mir bewusst, dass unsere Tochter diese schätzte!

Während ich las, traten mir Tränen in die Augen. »Meinst du wirklich mich?«, fragte ich.

»Ich habe keine andere Mutter als dich«, antwortete sie in etwas rauem Ton. »Ich hab nur dich!« Dabei klopfte sie mir auf die Schulter.

Unterschrieben hatte der Lehrer, der die Klassenarbeit mit der Note Eins bewertet hatte. Und da war noch ein Satz hinzugefügt: »Herzlichen Glückwunsch zu dieser Mutter!«

»Darf ich mir das kopieren?«, bat ich unsere Tochter.

»Natürlich!«, sagte sie und verließ die Küche.

Ich legte diese Charakteristik in meinen Schrank. Immer wieder, wenn die unterschiedlichen Meinungen und Reaktionen meiner Tochter Wunden bei mir hinterlassen wollten, ging ich zu diesem Schrank. »Es ist nur der Irrtum, der schwierig zu entzerren ist«, sagte ich mir dann selbst. »Es ist die Liebe, die Verstecken spielt, um zu testen, ob sie echt ist.«

Das Gespenst

Zeltlager, der Traum aller Jungs über zehn Jahre! Das Zeltlager mit den Pfadfindern stand vor der Tür. In die Berge sollte es gehen, Lagerfeuer war angesagt, Bogenschießen, Schnitzen, Wettkämpfe!

Auch unser Junge fieberte der Abreise entgegen. Sorgsam wurde ausgewählt, was wirklich nötig war. Der Rucksack samt Schlafsack musste ja immer mitgeschleppt werden.

Bei der Abfahrt des Busses winkte unser Junge nur zurückhaltend. Er musste ja zeigen, dass er schon »groß« war.

Die erste Nacht fand auf einem großen Bauernhof weitab der Straße statt. Dieses erste Mal brauchte man keinen Zeltaufbau. Im Heu fühlte es sich herrlich und natürlich an, auch wenn ab und zu mal ein Halm stach. Dann wurde es Nacht. Man hatte das Hoflicht brennen lassen, denn das Toilettenhäuschen stand auf der gegenüberliegenden Seite der Scheune.

Und nun musste unser Junge dringend diesen Ort

aufsuchen, ausgerechnet jetzt, wo alle in tiefem Schlummer lagen. Sollte er jemanden aufwecken? Nein, er war doch selber groß!

Langsam überquerte er den Hof, als er entdeckte, dass jemand hinter ihm herging. Er konnte ihn nicht sehen, aber der Schatten war deutlich zu erkennen. Während er weiter auf sein Ziel zusteuerte, wuchs der Schatten. Auch seine Angst wuchs. Das konnte gar kein Mensch sein. Das musste ein Gespenst sein, denn es wuchs, je weiter er sich vom Heustall entfernte! Schließlich begann er zu rennen, riss die Toilettentür auf, schlug sie hinter sich zu und riegelte ab. Uff, gerade noch geschafft!

Allen Mut nahm er dann zusammen, um aus dem kleinen Holzfensterausschnitt auf den Hof zu schauen, und entdeckte – niemanden! Das konnte doch nicht möglich sein! Angestrengt dachte er nach.

Und da dämmerte es ihm: Der Riese war sein eigener Schatten gewesen! Das Hoflicht an der Scheuer hatte ihn verfolgt. Er fand es aber überhaupt nicht lustig. Der Schreck saß ihm noch zu sehr in den Knochen.

Aber als er es den anderen am nächsten Morgen erzählte, da konnte er schon laut mit ihnen zusammen über sich selbst lachen.

Wunschkind

Die letzten Tage hatte unser Junge kaum geredet, wenn er aus der Schule kam. Irgendetwas bedrückte ihn. Aber meiner Bitte, es mir zu sagen, konnte er erst nach einigen Tagen nachgeben. Zu sehr war er verletzt.

Gerade hatte er seinen zwölften Geburtstag hinter sich. In der Schule sollte sich jeder mit seiner Familie vorstellen. »Was weißt du über deine Großeltern? Habt ihr immer hier in der Gegend gelebt oder seid ihr erst zugezogen? Wie viele Geschwister hast du? Bist du der Älteste oder der Jüngste? Wie geht es dir damit?«

»Eigentlich war das ganz interessant«, meinte unser Junge. »Vieles von meinen Mitschülern wusste ich zuvor nicht. Aber dann, dann wurde es echt peinlich, als ich die Zahl meiner Geschwister erwähnte. Manche begannen zu tuscheln oder lachten sogar. Obwohl sie mitbekommen hatten, dass ich Geschwister an der Schule hatte, wussten sie nicht, wie viele es eigentlich waren. O Mama, das war schrecklich! Zwei Jungs kamen in der folgenden Pause auf mich zugerannt: ›Dich haben die bestimmt nicht gewollt! Sicher bist du ein Kondom-Abrutscher.‹ Sie lachten sich halb kaputt.«

Mit unterdrücktem Schluchzen fuhr unser Junge fort: »Mama, ist das wahr? War ich nur ein Versehen? Habt ihr mich eigentlich gar nicht gewollt?« Welch ein Schmerz sprach aus seinen Worten! Deshalb war er also die ganze Zeit so schweigsam gewesen!

Nun hatte ich die Gelegenheit, ihm zu erklären, dass ich mir immer zwölf Kinder gewünscht hatte. Ich sagte ihm, welch ein Glück es für mich war, dass Gott ihn gerade zu uns in die Welt geschickt hatte. Und danach gab es noch viele weitere gute Gespräche.

Sein Lehrer erlaubte mir am folgenden Tag, allein mit diesen beiden Jungs in der Schule zu sprechen. Es war so gut, ihnen zu sagen, welch ein Geschenk jeder Mensch ist, von Gott geschaffen und gewollt. Und ich erklärte ihnen, wie sehr Gott auch sie liebte. Aufmerksam hörten die beiden zu. Das Ergebnis war der Beginn einer Freundschaft, die zwischen den beiden und unserem Sohn entstand!

Als eines unserer Mädchen von der Geschichte mitbekam, sagte sie, wie sie selbst mit der Situation der großen Geschwisterzahl umging: »Wenn mich jemand fragt, wie viele Geschwister ich habe, antworte ich: ›Es gibt fünf Schwestern.‹ Dann warte ich die Reaktion ab. Kommt die Antwort: ›Wahnsinn, das ist ja toll!‹, sage ich triumphierend: ›Und dann habe ich auch noch fünf Brüder!‹ Kommt aber eine erschrockene oder negative Bemerkung über die große Zahl von fünf Schwestern, dann, ja dann verschweige ich die Brüder! Man muss eben weise mit solchen Sachen umgehen«, meinte sie.

Wir hatten nicht nur Kinder

Mit jedem weiteren Kind gab es auch weitere Tierwünsche. Eigentlich begann es mit einer Katze, die meinen Eltern zugelaufen war. Man wusste nicht, ob sie überleben würde, da sie völlig heruntergekommen aussah mit ihrem zerzausten Fell. Aber unsere Kinder beteten zu viert voll Innigkeit, die Katze möge bis Weihnachten leben. Denn danach würde sie bei uns wohnen. Das hatte ich versprochen. Ich aber bat Gott inständig, das Tier sterben zu lassen, weil ich keine Kraft verspürte, auch noch eine Katze versorgen zu müssen. Offensichtlich erhörte Gott das Gebet der Kinder!

Dann schenkte uns der Hausarzt die Meerschweinchen seiner inzwischen erwachsenen Kinder. Und weiter ging es mit Hamstern, Zwerghasen, Vögeln. Obwohl uns alle verkauft wurden als gleichgeschlechtliche Tiere, vermehrten sie sich zur Freude der Kinder. Wir durften schließlich welche in der Tierhandlung abgeben. Das war wie ein Aufatmen für mich.

Zum Schluss kamen dann noch zwei alte Ponys dazu, Hannes und Stormi. Stormi war aufgrund von Huffäule zum Sterben verurteilt. Also fand er bei uns ein letztes Zuhause – und wurde später gesund und für Ponyverhältnisse uralt! Hannes dagegen, unser erstes Pony, zog oft am Sonntag mit mir als Kutscherin und den Kindern samt Tee und Kuchen zu einem schönen Platz am See oder im Wald, um Picknick zu halten.

Nein, wir waren nicht reich an Gold und Silber, aber hatten einen Reichtum an Freude und Lachen. Und davon profitierte nicht nur unser Nachwuchs, sondern viele andere Kinder, die mit den unseren Plätzchen buken und Geburtstage feierten.

Mit großer Freude kamen sie auch zu den Kindergottesdiensten in der Kirche. Und es ging nicht darum, ob sie evangelisch oder katholisch waren. Wir spielten biblische Geschichten nach und führten sie auf: die Königstochter mit dem Baby Moses vor Pharao, die Frösche bei der Plage in Ägypten oder Jona, wie er vom Schiff geworfen wurde und dann im Bauch des Fisches (ein leerer Waschmaschinenkarton mit Riesenmaul) durch das Mikro zu Gott schrie. Die Weihnachtsgeschichte jedes Jahr neu darzustellen machte besonderen Spaß. Oftmals hatten wir mein neugeborenes Baby als echten Darsteller dabei!

In dem alten Holzwagen, den ich mit Bauernmalerei verschönert hatte, führte ich später eine unserer Töchter mit ihrem Bräutigam zur Kirche.

Jedes unserer Kinder lernte ein Instrument, sei es Klavier, Klarinette, Posaune, B-Horn oder Gitarre. Eine Tochter versuchte sich am Schlagzeug. Und auch jedes von ihnen hatte eigene Interessen: Fußballplatz, Feuerwehr, Schießen, Musikverein …

Und was unser Krankenhaus anging: Darin waren wir Stammgäste! Wenn wirklich eine Zeit lang keine offene Wunde zu vernähen war, bekam ich zur Abwechslung mal wieder ein Kind. Dann meinte die Hebamme mit Anzeichen deutlicher Erschütterung: »O Gott, Frau Heil, sind Sie schon wieder da!« Und wie oft hat Gott Gnade geschenkt, denn sieben unserer Kinder kamen in Steißlage zur Welt!

»Das Gesicht musst du mir überlassen!«
Kinder sind ein großer Segen Gottes. Aber zugegeben, es ist manchmal auch anstrengend, mit ihnen zu leben, und nicht immer leicht, sie zu motivieren. Oft wollen sie helfen, wenn sie es noch gar nicht können. Und wenn sie dann alt genug sind, dass sie helfen könnten, macht es ihnen keinen Spaß mehr.

Also gab es einen Wochenplan, wann jeder mit bestimmten Aufgaben mithelfen durfte, besser gesagt: musste. Manche erledigten das, so schnell sie konnten. Andere trödelten vor sich hin und wieder andere musste man ständig daran erinnern und es brauchte lange Diskussionen.

Gerade war ich in die Küche gekommen. Eins der Mädchen hatte Spüldienst. Eigentlich hatte sie schon vor einer halben Stunde begonnen, aber jetzt stand sie immer noch vor dem Becken und kam kaum vorwärts. Ich versuchte, sie zu ermutigen. Aber stattdessen lieferte sie mir ein beleidigtes und vorwurfsvolles Gesicht.

»Wenn du mit mehr Freude an die Arbeit gingest, wärst du viel schneller fertig«, meinte ich.

»Mama, ich mach ja schon meinen Dienst«, ließ sie mich da wissen, »aber das Gesicht musst du mir überlassen.«

Wie recht sie hatte! Als Mütter sollten wir unseren Kindern wenigstens ihre Mimik überlassen. Da hilft nur weggucken!

Toilettenkönigin

Eine unserer Töchter war auf Arbeitssuche. Sie litt darunter, in ihrem erlernten Beruf keine Stelle zu finden. Inzwischen war sie bereit, jedes Angebot anzunehmen, statt untätig zu Hause zu sitzen.

Da wurde in der Zeitung eine Stelle in einem größeren Kaufhaus angeboten. Als sie Erkundigungen einholte, stellte sich heraus, dass es bedeutete, für die Toiletten zuständig zu sein. Wollte sie das Angebot wirklich annehmen?

»Es ist mir egal«, ließ sie mich wissen. »Ich werde den Job annehmen. Geld stinkt nicht.«

Nach einiger Zeit sahen wir uns wieder. »Wie geht es dir mit der neuen Stelle?«, wollte ich wissen.

Sie lachte. »O Mama, du kannst dir nicht vorstellen, was da abgeht! Morgens, wenn ich dort ankomme, muss ich zuerst an allen Kassen vorbei. Wenn ich die Kassiererinnen grüße, schauen sie betreten zur Seite. Wahrscheinlich will niemand etwas mit Leuten zu tun haben, die für die Toilettenräume zuständig sind.«

Es schmerzte mich als Mutter, das zu hören. Würde unsere immer gut gelaunte Tochter, die für jeden ein fröhliches Wort hatte, dadurch ihre Lebensfreude verlieren? »Wie reagierst du darauf?«, fragte ich sie vorsichtig.

Sie lachte. »Ich grüße sie immer wieder, warum sollte ich auch nicht? Sie tun mir einfach leid. Die wissen eben nicht, wer ich wirklich bin – nämlich eine Königin!«

»Mama, mach ja nicht schlapp!«

»Mama, bald hat Stefan Geburtstag. Die machen da eine Riesenparty. Ich bin auch eingeladen. Da darf ich doch hin?«

Fragend und auf ein Ja hoffend, stand unsere Teenagertochter vor mir. »Ist da nicht auch die Clique von Thomas dabei?«, wollte ich wissen.

»Ja, aber du weißt doch, dass ich keine Drogen nehme!«

»Ja, das weiß ich. Aber ich bin mir nicht sicher, ob sie dir nicht irgendetwas in dein Getränk schütten!«, gab ich zurück. »Es tut mir echt leid, aber ich kann dir kein grünes Licht geben!«

»Ach Mama, nur das eine Mal!«

Hin und her ging unsere Diskussion. Schließlich war ich müde davon und meinte resigniert: »Dann mach halt, was du willst!«

Voller Glück – oder Triumph? – ging sie aus der Küche auf ihr Zimmer.

Inzwischen war unsere erwachsene Tochter zu Besuch zu uns gekommen. Sie hatte im Vorraum unsere Diskussion mitgehört und sich herausgehalten. Als aber ihre Schwester in ihr Zimmer gegangen war, kam sie zu mir in die Küche. Fast vorwurfsvoll meinte sie: »Mama, was machst du da? Zu meiner Zeit bliebst du bei deiner Meinung, wenn es dir richtig schien. Und jetzt fällst du um!«

»Ach Schatz, ich hab einfach nicht mehr so viel Kraft«, äußerte ich.

»Mama, früher hast du mir auch nicht alles erlaubt. Heute weiß ich, dass ich dadurch vor manchem bewahrt geblieben bin. Du musst jetzt stark sein. Mama, mach ja nicht schlapp!«

»Ich lag in Banden und konnt nicht los«

Zusätzlich zu unseren eigenen Kindern nahmen wir ein Pflegekind auf. Es war ein zehnjähriger Junge. Zuvor hatte er schon in einigen Familien gelebt. Wir waren die fünfte Stelle und sollten ihn eigentlich nur wenige Wochen behalten, bis klar sein würde, wohin sein Weg danach gehen sollte. Es war nicht einfach, weder für ihn noch für uns, miteinander umzugehen. An manchen Tagen erwartete ich sehnlich das Ende dieses Dramas, das sich täglich mit Wutausbrüchen abspielte.

Aber schon nach kurzer Zeit bat er uns, Mama und Papa zu uns sagen zu dürfen, ganz egal, wie lange er bei uns bleiben würde. Doch immer wenn mal wieder alles eskaliert war, stand er traurig vor mir und sagte: »Mama, ich will bei euch bleiben. Bitte schickt mich nicht weg! Ich bin zwar oft böse, aber ich will eigentlich nicht so sein.« Das berührte mein Herz. Abends saß ich immer an jedem Bett der Kinder, sang ein Lied und betete mit ihnen. »Ich brauche das mit dem Gott eigentlich nicht«, ließ er mich wissen, »aber es ist so schön, wenn du abends kommst und singst.«

In der Erziehungsberatung fanden wir immer wieder Hilfe. Gott führte es, dass er bei uns bleiben konnte. Von der Sonderschule wechselte er schließlich in das normale Schulsystem und schaffte in der Handelsschule seinen Abschluss.

Leider kam der Schnitt, als er volljährig wurde und Wege einschlug, die uns traurig machten. Schließlich lebte er in einer Großstadt und wurde zum Alkoholiker. Wenn wir ihn gelegentlich besuchten, empfing er uns freudig. Er liebte uns immer noch – und wir ihn. Aber fachliche Hilfe wollte er nicht annehmen.

Nach vielen Jahren meldete er sich eines Tages wieder bei uns. »Mama, ich bete jetzt«, ließ er mich wissen. »Das freut mich, denn dann hast du einen guten Freund, der dir helfen kann, in ein gutes Leben zu finden. Aber was betest du eigentlich?«

»Ach Mama, früher hast du abends an meinem Bett immer ein Lied gesungen. Und von diesem Lied hab ich mein Gebet genommen: ›Gott ist die Liebe, lässt mich erlösen; Gott ist die Liebe, er liebt auch mich. Amen.‹ Ist das ein gutes Gebet?«, fragte er. Das konnte ich nur bejahen.

»Kannst du mir noch mal alle Strophen von damals singen?«, bat er.

Ich hörte im Hintergrund Stimmengewirr. Es klang nach Kneipenbetrieb. Deshalb fragte ich: »Bist du gerade wieder am Trinken?«

»Ja, leider«, kam es zögernd zurück. »Aber ich geh jetzt zur Toilette, da kann ich dich dann gut verstehen!«

Während mir die Tränen liefen, sang ich meinem Jungen:

Gott ist die Liebe, lässt mich erlösen;
Gott ist die Liebe, er liebt auch mich.

Drum sag ich noch einmal: Gott ist die Liebe,
Gott ist die Liebe! Er liebt auch mich.

Und weiter sang ich:

Ich lag in Banden der schweren Sünde;

ich lag in Banden und konnt nicht los.

Er unterbrach mich: »Mama, erklär mir, was Bande sind!«

Und ich sprach vom Alkohol, der ihn gefangen hielt und daran hinderte, ein erfülltes Leben zu führen. Und weiter sang ich:

Er sandte Jesus, den treuen Heiland;
er sandte Jesus und macht mich los.

Welche Wahrheiten steckten in diesen wenigen Versen! Was für eine Botschaft für diesen Jungen, der solch einen schweren Lebensweg in seiner Kindheit hatte und nun in die Fänge des Alkohols geraten war.

Weitere Jahre verstrichen. Heute darf er frei sein vom Alkohol. Und ich weiß, dass mein Erlöser Jesus lebt, der ihn gesucht hat – und den er gesucht und gefunden hat.

Beten lernt man durch Beten. Wenn du betest, bete laut, damit dein Kind mit dem himmlischen Vater vertraut wird. Singe Lieder und lerne Bibelverse auswendig. Nur so kann dein Kind sich in Zeiten der Not erinnern, wo man Hilfe findet.

Ariel-Event
Das Telefon läutete: »Hallo, ist dort Familie Heil? Sie sind vorgeschlagen worden, an unserem Event teilzunehmen! Ariel hat sich mit verschiedenen Markennamen von Kleidung zusammengeschlossen, um eine

Werbung für das Waschmittel zu veranstalten. Es geht darum, Familien mit vielen Kindern zu ermutigen, Markenkleidung zu kaufen. Gewaschen mit dem richtigen Waschmittel, können die Klamotten auch von den weiteren Kindern getragen werden. Man spart also, wenn man bei der Kleidung nicht spart. Dabei muss man natürlich das richtige Waschmittel wählen. Ariel macht's möglich! Aus allen 16 Bundesländern wird eine Großfamilie ausgewählt. Für Rheinland-Pfalz fiel die Wahl auf Sie! Sind Sie bereit, teilzunehmen?«

Ich erkundigte mich nach den Bedingungen und besprach das Ganze mit meinem Mann und den Kindern. Alle fanden es super! Nach meiner Zusage »regneten« uns per Post mehrmals in der Woche Markenkleider ins Haus, in den von uns angegebenen Größen. Die Kinder waren begeistert.

Schließlich mieteten wir einen Bus, der von den Veranstaltern bezahlt wurde. Und dann ging es los! Mit sieben unserer Kinder fuhr ich 400 Kilometer zum Event-Wochenende ins »Alpamare«-Hotel nach Bad Tölz. Was für ein Aufgebot an Kindern erwartete uns da: Von Eltern mit Kleinkindern bis zu Teenagern war da ein buntes Durcheinander von Stimmen. Irgendjemand fand heraus, dass ich Ruth Heil war. Durch die Zeitschrift »Lydia«, in der ich regelmäßig Kolumnen schrieb, kam es zu vielen guten Gesprächen.

In den Hotelübernachtungen war der Besuch des angeschlossenen Erlebnisbades inbegriffen. So war dort am nächsten Morgen Hochbetrieb. Auch ich hatte das

Vergnügen, durch die beleuchtete Rutsche ins Wasser hinunterzusausen.

Freitags ging es dann weiter in eine große Halle in München. Jede Familie bekam ihre eigene Umkleidekabine. Nach aufwendigem Schminken und Kämmen wurden verschiedene Kindergruppen gebildet. Mit Musik übten sie lustige Szenen ein, bei denen die jeweiligen Markenkleider vorgeführt wurden. Die Kinder hatten großen Spaß dabei.

Aber auch ich hatte riesige Freude an dieser Aktion. Ich stellte fest, wie viele Menschen es noch gibt, die Gott lieb haben und das offensichtlich auch ihren Kindern vermitteln! Wie ich das bemerkte? Während die Familien in den aufgestellten Kabinen waren, tönten von vielen Seiten Melodien, die ich kannte. Da pfiff jemand laut und fröhlich: »Einfach spitze, dass du da bist …« – und aus einer anderen Richtung stimmte jemand mit ein. Ein kleineres Kind begann zu singen: »Ja, Gott hat alle Kinder lieb …« So füllte sich dieser Raum mit Liedern, die sonst in einer Kinderstunde oder zu Hause gesungen wurden.

Ja, ich habe Hoffnung und Zuversicht für unser Land, dass Gott das letzte Wort hat. Das Singen der Kinder berührte mein Herz. So hatten die Veranstalter, ohne zu wissen, ein christliches Event durchgeführt!

Vor dem Spiegel

Freuen Sie sich auch so sehr über Ihr Spiegelbild? Besonders beeindruckend ist das, wenn man morgens unausgeschlafen und ungekämmt hineinschaut! Stimmt's?

Manche Frauen können aber ihr Spiegelbild grundsätzlich nicht ertragen.

Mit unserem reichen Kindersegen hatten wir immer wieder junge Menschen, die eine Zeit lang mit uns lebten. Dazu gehörte auch Tina. Sie war ein lebenslustiger Teenager, gerade fertig mit der Schule. Für ein paar Wochen kam sie zu uns, um uns im Haushalt zu helfen und dabei ein wenig das Leben auch mal von einer anderen Seite kennenzulernen. Wir hatten viel Spaß miteinander.

Aber ein Thema war für sie immer ein rotes Tuch: Wenn wir mit den Kindern unterwegs waren zu einem Ausflug und ich das auf einem Foto festhalten wollte, wehrte sie sich heftig: »Nein, bitte nicht mit mir!« Irgendwann begriff ich – sie konnte sich selbst einfach nicht leiden, weder Figur noch Gesicht noch irgendetwas anderes an ihr. »Wahrscheinlich werde ich auch nie einen Mann finden, der mich mag«, äußerte sie eines Tages sehr bedrückt.

»Ich denke, dass Gott einen Mann extra für dich gemacht hat, der dich genau so mag, wie Gott dich erschaffen hat!«, sprach ich ihr Mut machend zu. Das ließ ich sie wissen, sooft sie über sich selbst seufzte. Doch sie schüttelte immer nur den Kopf.

Danach begann sie eine Ausbildung. Dabei begegnete sie ihrem zukünftigen Mann. Voller Freude berichtete sie es mir. Mit viel Elan renovierten die beiden ihre zukünftige Wohnung, die vor ihrer Hochzeit fertig werden sollte. Sie war mit Eifer beim Tapezieren und gerade ins Bad gegangen, um sich den Tapetenleim von den Händen zu waschen. Als sie in den Spiegel schaute, sah sie ihre verklebten Haare und ihr schmuddeliges Aussehen. Noch mehr war sie entsetzt über ihr Gesicht, das sie ohnehin nicht leiden konnte, und bedachte sich deshalb mit Grimassen.

Sie hatte nicht bemerkt, dass ihr Verlobter inzwischen ins Bad gekommen war und hinter ihr stand. Er fasste ihre beiden Hände im Polizeigriff und hielt sie fest. Dann ging er näher zum Spiegel und sprach zu ihrem Spiegelbild, indem er drohend mit dem Finger auf sie zeigte: »Wenn Sie da im Spiegel mit meiner Verlobten noch mal so umgehen wie eben, dann, ja dann bekommen Sie es mit mir zu tun!« Danach ließ er sie wieder los.

Für Tina war dieses Erlebnis so prägend, dass sie anfing, sich mit der Würde und der Zuneigung anzuschauen, die ihr Verlobter ihr vermittelte. Ganz langsam konnte sie begreifen: »So, wie ich bin, hat Gott mich geschaffen. Und indem ich Ja sage dazu, wie ich bin, ehre ich IHN!«

»Jetzt ist es gleich fertig!«

Nicht alle Kinder gehen gern zum Gottesdienst, vor allem, wenn sie nichts von der Predigt verstehen. Als unser jüngstes Kind geboren wurde, wurde in unserer Kirche leider kein Parallelprogramm für Kinder mehr angeboten. Deshalb nahm ich den Kleinen immer mit in den normalen Gottesdienst. Er war in einem Alter, in dem Kinder noch »tragbar« sind. Also hatte er keine Wahl. Während der Predigt verhielt er sich auch ganz still, obwohl er sicher nichts vom Inhalt verstand. Doch zum Ende des Gottesdienstes wachte er buchstäblich auf. Er zog meinen Kopf zu sich herunter und flüsterte voll Begeisterung in mein Ohr: »Mama, jetzt ist es gleich fertig!«

Woran erkannte er das bevorstehende Ende? Am Segen, den der Pfarrer aussprach!

Segen dürfen wir empfangen, um ihn im Alltag weiterzugeben. Es ist die Kraft Gottes gegen die Kraft des Bösen, der uns Freude und Frieden rauben will. Gottes Segen ist sozusagen Regenschirm und Regenbogen für den Alltag.

Segnen heißt auf Lateinisch »benedicere«. Das heißt wörtlich übersetzt »gut reden«, »Gutes sagen«! Das ist der Schlüssel dazu, wie wir einander besser verstehen können: Gutes übereinander sagen und Segen aussprechen!

*Gib dich mit deiner Schwachheit
in die Arme Gottes!*

Entdecke, wie ER dich trägt,
bis du wieder
Kraft hast zum Weitergehen!

Ruth Heil

Begegnungen

Der Aramäisch-Dozent aus Heidelberg

Gott gab mir die Freude, einen sehr intelligenten Menschen als Mann zu haben. Ich denke, mein Mann hat es auch geschafft, mir ein ordentliches Deutsch beizubringen, was sechs Jahre Latein in der Schule bei mir nicht fertiggebracht haben. Vielleicht hat es deshalb auch später mit dem Bücherschreiben so gut funktioniert?

Wir waren noch voll im Pfarramt eingesetzt. Mein Mann wurde als Pfarrer von der Gemeinde geschätzt und geliebt. Es war eine Freude, dort zu sein. Eine frühere Freundin war aus der Ferne angereist, um mir in der vielfältigen Arbeit beizustehen. Sie war ein einfacher Mensch mit einer großen Fröhlichkeit. Dazu brannte ihr Herz für Jesus Christus. Seit sie die Erfahrung gemacht hatte, wie viel besser es ist, mit Gott zu leben, hätte sie am liebsten jeden Menschen davon überzeugt.

Heute erwarteten wir hohen Besuch. Der ehemalige Aramäisch-Dozent meines Mannes hatte seine Einladung angenommen. Ich bemühte mich darum, meinen besten Kuchen zu backen und dann so wenig wie möglich in die Unterhaltung einzugreifen. Vieles war für mich sowieso nicht zu verstehen.

Beim Kaffeetrinken saßen wir alle zusammen am Tisch. Auch Gissi war eher stumm vor so viel unverständlichen Aussagen über eine Sprache, mit denen die beiden Männer sich beschäftigten. Wir beide hatten nie zuvor gehört, dass Teile des Alten Testaments auf Aramäisch niedergeschrieben sind.

Doch fast aus dem Nichts, als sich eine kleine Gesprächspause ergab, fragte meine Freundin den Dozenten: »Mich würde einfach interessieren, ob Sie schon bekehrt sind?«

Es entstand eine peinliche Stille. Nach einer Weile äußerte unser Gast sehr höflich: »Ich habe mich mit dieser Frage noch nie beschäftigt. Aber ich werde darüber nachdenken.« Danach vertieften sich die beiden Männer wieder in ihren Gesprächsstoff.

Irgendwann verabschiedete sich der kluge Herr. Mein Mann und ich standen an der Haustür und die üblichen Freundlichkeiten wurden gesagt.

»Es war ein interessanter Nachmittag für mich. Auch Ihr Kuchen war exzellent!«, meinte der Dozent. »Am stärksten aber hat mich die Frage bewegt, die mir Ihr Gast gestellt hat. Und diese Frage wird mich noch lange beschäftigen, bis ich eine Antwort darauf gefunden habe!«

Jesus hat einfache Fischer ausgesucht, um sein Evangelium weiterzutragen, nicht nur kluge Menschen. Auch wir müssen nicht erst klug sein, um die beste Botschaft der Welt weiterzusagen.

Die Frau am Postschalter

Wir lebten noch nicht so lange in dem kleinen Dorf im Pfälzer Wald, in das wir gezogen waren. Als Stadtkind in Ludwigshafen aufgewachsen, kam es mir fast so vor, als wohnte ich jetzt im Paradies, umgeben von Wald und Wiesen. Wir hatten außerhalb des Ortes in einem Haus eine Wohnung gemietet. Ich war begeistert davon, hinter dem Haus einfach in den Wald laufen zu können, mit den Kindern Schlitten zu fahren und mit Pony und Wagen gelegentlich Einkäufe zu erledigen.

Viele Menschen waren hier miteinander verwandt. Leider fühlte ich mich deshalb fast wie eine Ausländerin. Da aber mein Herz für Jesus brannte, konnte ich es nicht lassen, von ihm zu erzählen. Das war für die Leute mehr als suspekt und sie meinten, wir würden einer Sekte angehören, obwohl wir regelmäßig die evangelische Kirche besuchten.

Ein kleines Postamt war im Dorf, in dem ich Briefmarken einkaufte und Päckchen ablieferte. Wieder einmal war ich dort. Ich grüßte die Frau am Schalter, aber es kam nur ein leises Echo zurück.

»Es geht Ihnen heute nicht gut?« Fragend schaute ich sie an.

»Das stimmt«, entgegnete sie traurig. »Manchmal ist das Leben einfach schwer.«

Sie tat mir so sehr leid. Wie konnte ich ihr helfen? Nachdem sie mir kurz ihre Not geschildert hatte, fragte ich sie, indem ich allen Mut zusammennahm: »Darf ich mit Ihnen beten?«

Erstaunt hörte ich ihr Ja. »Dann müssen Sie aber die Tür öffnen«, schlug ich vor. »Sonst sind wir beim Beten durch die Glasscheibe getrennt.« Sie öffnete.

Ich hatte dieses Erlebnis nicht mehr in Erinnerung.

Doch viele Jahre später sprach mich diese Frau darauf an und erzählte mir die geschilderten Einzelheiten. Nun ergänzte sie: »Damals sagten Sie, Sie wollten mit mir beten, aber Sie meinten, wir sollten dazu niederknien. Sie beteten voller Innigkeit. Und dann betete auch ich ganz im Stillen. Ich hatte früher noch nie so persönlich mit Gott geredet.«

Was die Frau sagte, berührte mich tief. Deshalb wollte ich wissen, was sie damals gebetet hatte.

»O ja, das weiß ich noch genau. Ich sagte einfach: ›Herr Gott, gib, dass jetzt niemand hereinkommt!‹ Und offensichtlich hat Gott mich erhört!«

Natürlich freute ich mich darüber. Aber ich musste doch an mich halten, um nicht zu lächeln, hatte ich doch eher irgendein ernstes Gebet erwartet.

Aber es stimmte: Gott hat ihr Gebet erhört – und das wusste sie auch noch nach so vielen Jahren. Und Gott wusste, dass es ihr bitter ernst damit war, weil niemand im Dorf verstanden hätte, warum da zwei Frauen hinter der Scheibe knieten, die anscheinend beteten.

Aus einem Brief

Eine Frau schrieb mir:

»Jedes Wochenende ist unsere Tochter zu Hause. Es ist schwer zuzuschauen, wie dieser Hauch von Mensch nur Salat ohne Zutaten isst. Es scheint, als habe sie ein Gefängnis, das sie sich durch Gehirnwäsche selbst gebaut und zu dem sie den Schlüssel verloren hat. Sie hat

Angst vor jedem Gramm Fett, obwohl sie erkannt hat, wie nötig ihr Körper das bräuchte.

Bitte bete für sie um Befreiung aus diesem Hungerturm.

Manchmal ist meine Seele wie mit einem dunklen Vorhang von Traurigkeit und Verzweiflung zugedeckt und ich kann nur rufen: ›Herr, hilf mir!‹

Es sind zu viele Dinge, die mein Inneres bedrängen. Wird sie überleben? Kann sie wieder in ein normales Leben finden?

Es war letzte Woche in der Nacht. Wieder einmal konnte ich nicht schlafen. Die Gedanken ritten mich. Ich zog mich an und lief in der Dunkelheit durch unser Dorf.

Da sprach jemand mit mir. Es war so deutlich, als ginge er neben mir her. ›Du liebst dein Kind?‹

Ich spürte, dass es Gott war, der mit mir redete. Voller Schmerz sagte ich ihm: ›Ja, Herr, du weißt es. Ich liebe sie von ganzem Herzen und bin nicht fähig, ihr zu helfen.‹

Und wieder hörte ich IHN: ›Ich liebe dein Kind noch viel mehr, als du es je könntest. Denn ich habe dein Kind geschaffen. Hab keine Angst. Ich sorge für dein Kind.‹

Ich spürte, wie eine riesige Last von mir abfiel. Gott wusste um meine Not. Er sah mein Kind. Gott sah auch mich. Und ER hatte mich gehört.

Die Sorge ist nicht vorbei. Immer wieder stürzt sie sich auf mich und ich zittere. Doch dann sage ich zu meiner Seele: ›Hör auf zu zittern! Gott ist stärker. ER wird handeln, auch wenn ich noch nichts sehe.‹

Bitte bete weiter für mich und meine Tochter!«

Leider ist dieser Brief nicht der einzige, der mich von Müttern erreicht, denen diese Not mit ihrer Tochter begegnet. Zunehmend sind auch Jungen davon betroffen. Ich leide mit, denn auch ich kenne diese Nöte, die die ganze Familie mit in den Bann ziehen.

Es ist gut, Therapien in Anspruch zu nehmen. Aber es ist ein Geschenk, wenn man beten kann und diese Last und diesen Schmerz zu Gott bringen darf, immer wieder.

»Geh hin und wasch dich!«

Aus den unterschiedlichsten Glaubensrichtungen hatten Frauen sich zu Gebet und Fasten zusammengefunden. Ja, man spürte es einfach: Jesus war mitten unter uns, während wir für Missionare, Kranke, Regierungsleute, Angehörige beteten und dazwischen immer wieder in unseren Liedern den Herrn aller Herren anbeteten. Fast fühlte ich mich wie im Himmel, so froh, so entspannt, so voller Lob Gottes war die Halle erfüllt.

Es waren keine festen Plätze vorgesehen und es war ausdrücklich gewünscht, nicht nur mit den eigenen Leuten »zusammenzuhängen«. So saß ich am Morgen neben einer mir noch unbekannten Frau. »Ich bin Janina«, stellte sie sich vor, »und wie heißt du?«

Ein guter Vortrag folgte, der uns Mut machte, immer wieder hinzuhören, was Gott uns persönlich sagen wollte: Schenkte er Ermutigung durch ein Bibelwort?

Oder gab er einen konkreten Auftrag, zum Beispiel auf jemanden zuzugehen, jemanden zu besuchen oder für einen Kranken zu beten? »Vielleicht gibt Gott euch heute Morgen ein Wort für eure Nachbarin. Ihr müsst nicht krampfhaft darüber nachdenken. Wenn ein Bibelvers durch euren Kopf geht, dürft ihr ihn ganz einfach weitergeben, ohne große Erklärung.«

Ging mir ein Bibelwort durch den Kopf? Ja, mir fiel spontan ein Vers ein. Ich wusste, dass er mit einem Wunder Jesu zusammenhängt, in dem es um einen Blinden geht, aber mir fiel nicht ein, wo genau das Wort in den Evangelien steht: »Geh hin und wasch dich!«

Innerlich musste ich lächeln, weil ich dachte: »Ist das komisch, dass mir solch ein Vers einfällt. Das kann gewiss nicht von Gott sein.« Aber ich war so blockiert, dass mir nichts anderes in den Kopf kam. Dabei kannte ich so viele schöne, aufbauende Verse. Und dann das! Ich konnte doch dieser Janina nicht solche Worte weitergeben! Wie sollte ich das erklären?

Inzwischen hatte ich von meiner anderen Nachbarin Nehemia 8,10 bekommen: »Seid nicht bekümmert; denn die Freude am Herrn ist eure Stärke.« Ja, das brauchte ich gerade sehr. Ich war so bekümmert über das Wort, das von mir gesprochen werden sollte!

Zaghaft begann ich: »Janina, wir kennen uns nicht. Ich will dir aber versichern, dass du nicht riechst.«

»Wie meinst du das?«, fragte sie irritiert.

»Na, genau so, wie ich es gesagt habe. Der Vers, den ich für dich habe, ist befremdend für mich. Ich hoffe, dass er dich nicht verletzt. Vielleicht ist er gar nicht für dich gedacht. Aber ich konnte nichts anderes denken!«

»Okay«, meinte sie, »dann sag's schon. Es hilft nichts, einfach darüber zu schweigen.«

»Der Vers heißt: ›Geh hin … und … wasch dich!‹« Ich schaute Janina dabei nicht an. Es war mir so peinlich!

Umso erstaunlicher war ihre Reaktion: »O Ruth, danke, danke, das hab ich gebraucht!«

War es für Janina die Ermutigung, endlich eine Sache in Ordnung zu bringen, die schon lange stank? Wollte Gott ihr Mut machen, nicht nur seine Heilung anzunehmen, sondern auch den Brei von ihren Augen zu waschen?

Ich habe nie erfahren, warum Janina diesen Vers »brauchte«. Und ich bin dankbar, wenn Gott mir nicht öfter solch einen Vers für einen Menschen gibt. Viel lieber gebe ich Ermutigungen weiter.

»Vadder, do hosch's!«

Sie war eine alte Dame von über 90 Jahren. Wann immer ich zu Besuch kam, wirkte sie ausgeglichen und zufrieden, obwohl einige schmerzhafte Wehwehchen, wie sie es nannte, sie plagten. Doch bei einer Begegnung fand ich sie ganz aufgelöst vor.

Ihren Mann hatte sie im letzten Weltkrieg verloren. Geblieben von ihm war ihr eine Tochter, die sie liebte. Sie war zwar nicht mit materiellem Reichtum gesegnet, aber die Liebe zwischen beiden zählte mehr.

Sie selbst lebte in ihrem kleinen Häuschen von der

monatlichen Rente. In ihrem Herzen trug sie über die Jahre einen großen Wunsch, auf den sie mit Macht hinarbeitete, um ihn vor ihrem Abschied noch in Erfüllung gehen zu sehen.

Das schlichte Kreuz auf dem Friedhof trug den Namen ihres verstorbenen Mannes. Darauf hätte es keinen Platz gegeben, um auch ihren Namen anbringen zu lassen. Sie wollte ihren Mann, den sie sehr geliebt hatte, damit ehren, dass er einen richtigen Grabstein bekäme. Darauf sollte nach ihrem Tod auch ihr Name stehen, sozusagen um im Tod mit ihm vereint zu sein, sichtbar für jeden Friedhofsbesucher.

Nach all den Jahren hatte sie nun das Geld zusammen und besprach sich mit dem Steinmetz. Der Stein wurde nach ihren Wünschen angefertigt und geliefert. Aber der Preis hatte sich inzwischen stark erhöht. Es blieb ihr nichts anderes übrig, als Geld aufzunehmen. Und das war ihr schwerster Weg.

»Niemals zuvor in meinem ganzen Leben habe ich mich verschuldet«, sagte sie mit Schmerz in ihrer Stimme. »Lieber aß ich nur Kartoffeln und trank Wasser, als dass ich Schulden gemacht hätte! Und jetzt, auf meine alten Tage, passiert mir so etwas! Der Steinmetz meinte nur, es sei Unvorhergesehenes dazugekommen. Es tue ihm leid! Als würde mir das weiterhelfen. Und um deswegen zu prozessieren, dafür habe ich weder Kraft noch Geld!«

Sie tat mir von Herzen leid und ich drückte das aus, so gut es ging. »Wie werden Sie weiter damit umgehen?«, fragte ich.

»Mir bleibt keine andere Wahl. Ich werde mir Geld leihen müssen und es, so gut ich eben kann, Stück für Stück abbezahlen. Nachts wache ich öfter auf. Das Unglück, das mich getroffen hat, beschäftigt mich sehr.«

»Wie finden Sie dann wieder Schlaf?«, wollte ich wissen.

»Nun, ich habe mir angewöhnt, mit Gott zu sprechen. Jesus hat ja gesagt, wir dürfen direkt mit seinem Vater im Himmel reden. Nachts habe ich nicht viel Worte dafür. Deshalb sage ich dann laut zu ihm, damit er es, aber damit auch meine geplagte Seele es hören kann: ›Vadder, do hosch's!‹« (»Vater, da hast du es!«)

Und sie ergänzte: »Jedes Mal, wenn ich wieder aufwache und diese Sache mich plagt, wiederhole ich das und kann danach wieder eine Weile einschlafen. Gott weiß um meinen Schmerz. Das soll mir genug sein.«

Streifenfreie Fenster

Sie hatte mich um einen Termin gebeten, um sich bei mir einen Rat zu holen.

An der Haustür empfing ich eine hübsche, freundliche Frau. Doch während unseres Gesprächs verfinsterte sich zusehends ihre Miene. Wegen der Fensterscheiben in ihrer Wohnung kam es immer wieder zu Missstimmungen mit ihrer Schwiegermutter. Ja, sie wusste, dass diese besonderen Wert auf saubere Fenster legte. Daran zeigte sich nach ihren Begriffen anscheinend, ob jemand seine Wohnung im Griff habe.

Für die junge Frau war das nicht so wichtig, doch um

Streitigkeiten zu vermeiden, bemühte sie sich vor jedem Besuch, die Fensterscheiben besonders gründlich zu reinigen. Doch es war eigenartig: Die Schwiegermutter fand jedes Mal irgendwo doch wieder einen Streifen am Glas. Kein Wunder, dass die junge Frau inzwischen schon geladen war, bevor die Schwiegermutter zu Besuch kam.

Warum dieser das Fensterputzen so wichtig erschien, konnte nie geklärt werden. Wollte sie damit den Nachbarn ihres Sohnes zeigen, wie sauber es bei ihm war? Hatte sie Komplexe der Schwiegertochter gegenüber und wollte ihr wenigstens in diesem Punkt überlegen sein? Was konnte ich raten?

»Es ist sicher nicht leicht umzusetzen, was ich Ihnen rate«, sagte ich schließlich. »Aber Sie sollten aufhören, Ihrer Schwiegermutter etwas zu beweisen. Statt vor dem Besuch Scheiben zu putzen und Ihrer Bitterkeit Raum zu geben, kochen Sie Kaffee und vielleicht backen Sie auch noch einen Kuchen!«

Verwundert schaute mich die Frau an: »Und dann?«

»Trinken Sie zuerst Kaffee zusammen! Ja, und danach halten Sie eine kleine Rede, etwa mit diesen Worten: ›Schwiegermama (oder wie immer Sie mit ihr sprechen), ich habe mich jetzt oft bemüht, die Fenster so sauber zu putzen, wie du es gerne hättest. Aber es ist mir leider nicht gelungen. Heute habe ich nun alles zum Putzen gerichtet. Vielleicht kannst du mir mal zeigen, wie du es machst.‹«

Die Frau schwieg erstaunt. Mit so einem Rat hatte sie offenbar nicht gerechnet.

Ich fuhr fort: »Hören Sie auf, beweisen zu müssen, dass Sie besser sind! Lassen Sie ihr die Freude, dass sie es besser macht. Schließen Sie Frieden mit Ihrer Schwiegermutter, auch wenn Sie unterschiedliche Ansichten haben. Immerhin hat diese Frau Ihren Mann geboren!«

»... wenn es dem bösen Nachbarn nicht gefällt«

Wir lebten in einem Mehrfamilienhaus, zusammen mit einem älteren Ehepaar. Es war ein gutes Miteinander. Wir schätzten einander und halfen uns gegenseitig, soweit das möglich war. In einem der Nachbarhäuser aber wohnten Menschen, die nicht damit zurechtkamen, dass uns der Glaube wichtig war und dass wir für ihre Begriffe zu viele Kinder hatten. Wir trugen einfach einen Stempel, den wir nicht abschütteln konnten, auch wenn wir versuchten, ihnen Gutes zu tun.

Ihre Abneigung zeigte sich auf verschiedene Weise und ging so weit, dass gelegentlich Kot an den Außentüren unseres Hauses zu finden war. Begegnete ich dem Mann auf der Straße, spuckte er vor mir aus.

Ich entwickelte regelrechte Ängste vor diesen Menschen und ging ihnen möglichst aus dem Weg. Bevor ich aus der Haustür ging, blickte ich zuerst prüfend auf die Straße.

So konnte es nicht weitergehen. Mit meinem Mann zusammen betete ich immer wieder für diese uns feindselig gesinnten Menschen. Ich hatte gerade in der Bergpredigt gelesen, dass wir Feinde segnen sollten. Mit diesem Segen, den wir immer wieder über ihnen im Gebet ausschütteten, begann meine Angst vor ihnen zu weichen. Gott war stärker als die Finsternis! Das wurde mir in jedem weiteren Gebet zur Gewissheit.

Inzwischen waren die ersten Tage im November gekommen, an denen es nachts Frost gegeben hatte. Die Nachbarin stand in der Frühe schon an der Wäscheleine, um ihre Wäsche aufzuhängen, denn ein warmer Herbsttag war angesagt worden. Irgendwie rutschte die Frau auf dem gefrorenen Boden aus und fiel hin. Sie war eine korpulente Person und ihr Mann hatte nicht genug Kraft, um sie ins Haus zu bringen, bevor der Krankenwagen eintreffen würde. So musste er den schweren Weg zu uns antreten und meinen Mann um Hilfe bitten.

In der folgenden Zeit besuchte ich die Frau im Krankenhaus. Es entwickelte sich ein freundschaftliches Miteinander. Als wir Monate später auszogen, wurden wir von ihnen überreich beschenkt mit einigen Dingen, die uns noch fehlten.

Segen ist eine Kraft Gottes, die wie ein Schutzschild zwischen schwierigen Menschen und uns steht – und uns vor Bitterkeit bewahrt.

»Gutes und Barmherzigkeit … immerdar«

Bewegt von den Erlebnissen mit Schwangerschaft und Geburt, hatte ich immer wieder Gedanken und Gefühle in meinem Tagebuch notiert. Nun sollte daraus ein Buch werden als Ermutigung für werdende Mütter. Ich schrieb die Texte, mein Mann fand den Titel dazu: »Du in mir«.

Viele Reaktionen erreichten mich danach von Frauen, die durch das Lesen des Buches ein Ja zu ihrem Ungeborenen fanden. Andere fassten neu Mut zu einem weiteren Kind. Monate nach solchen Briefen an mich kamen dann Geburtsanzeigen mit der Post. Welche Freude!

Am erstaunlichsten war für mich, dass durch dieses Buch eine Frau zum lebendigen Glauben, oder besser gesagt: zum Glauben an unseren lebendigen Gott fand.

Nach schweren Gehirnoperationen, die sie völlig lahmgelegt hatten, schenkte der Herr ihr die Gnade, wieder ins fast normale Leben zurückkehren zu können.

Leider holte sie nach vielen Jahren die Krankheit wieder ein. Der Gehirntumor war bei der MRT-Untersuchung wieder deutlich zu erkennen. Sie wusste nicht, ob sie eine weitere Operation überstehen würde. Aber sie war voller Gelassenheit. »Vielleicht darf ich bald bei Jesus sein«, sagte sie mir mit tiefer Freude.

Wer fast noch mehr als sie litt, war ihr Mann. Er hatte wohl den »guten Geruch des Glaubens« bei seiner Frau erlebt. Aber ihm bedeutete Jesus Christus nichts. Doch hing er sehr an seiner Frau und wollte sie nicht verlieren.

Die Operation war vorüber. Seine Frau lag im Koma. Immer wieder mahnte es mich, dort anzurufen. Aber ich wusste nicht, was ich dem Mann antworten sollte, wenn er mir sagen würde, sie sei gestorben.

Endlich hatte ich genug Mut. Phoebes Mann war am Telefon. »Ich bin gerade wieder im Krankenhaus. Meine Frau liegt immer noch im Koma und reagiert nicht, wenn ich sie anspreche. Man weiß nicht, ob sie es überlebt ...« Seine Stimme klang bedrückt.

Plötzlich wurde er lebendig: »Weißt du was?«, sagte er. »Ich halte jetzt das Handy an ihr Ohr. Du kannst ja irgendetwas zu ihr sagen, vielleicht wird sie reagieren!«

Mein Herz pochte laut. Was sollte ich sprechen? Sicher wäre es gut, einen Text zu nehmen, der einen Erkennungseffekt in ihr bewirken könnte. Ja, das war es! Ich würde den Psalm 23 durchs Telefon schicken.

Langsam und deutlich begann ich damit: »Der Herr ist mein Hirte, mir wird nichts mangeln ... Und ob ich schon wanderte im finstern Tal ... Du bereitest vor mir einen Tisch ... Gutes und Barmherzigkeit werden mir folgen mein Leben lang, und ich werde bleiben im Hause des Herrn ...«

Hier stoppte ich für einen längeren Moment. Würde Phoebe bald im Hause des Herrn sein? Im hebräischen Urtext heißt dieser Teil des Verses eigentlich: »Ich werde zurückkehren ins Haus Jahwes für die Länge der Tage.« Oder war sie vielleicht schon auf der Heimreise zu Gott, fragte ich mich leise.

Und dann geschah es – Phoebe sagte deutlich das letzte Wort dieses Psalmes, bevor ich es aussprechen konnte: »... immerdar.«

Phoebes Mann riss das Handy an sich und rief: »Hast du es gehört? Sie hat ›immerdar‹ gesagt!«

Irgendwann wurde Phoebe nach Hause entlassen. Es war ihr sogar wieder möglich, aufzustehen und einfache

Dinge selbst zu verrichten. Wenn ich gelegentlich mit ihr telefoniere, freut sie sich riesig. »Ich weiß auch nicht, warum ich noch da bin, viel lieber wäre ich bei Jesus«, äußert sie.

Dann sage ich zu ihr: »Ich glaube, ich weiß die Antwort: Dein Mann ist noch nicht ganz fertig gebacken.«

Sie weiß genau, was ich damit meine. Und dann können wir herzhaft darüber lachen.

Mein schönstes Weihnachtsgeschenk

Bis heute schreibe ich gerne Briefe, richtige, auf deren Kuvert eine Anschrift steht und eine Briefmarke klebt und natürlich auch ein Absender zu finden ist. Und genauso gerne bekomme ich solche Briefe.

Weihnachten stand vor der Tür. Ich freute mich auf Briefe und Karten. Da war dann ein Brief dabei, dessen Absender eine Freude in mir auslöste, obwohl ich nicht gleich wusste, was ich mit dem Namen verbinden sollte. Das Foto einer jungen, hübschen Frau fiel heraus, die mit einem Mädchen von vielleicht zehn Jahren über eine herrliche Wiese tanzte. Wer konnte das sein?

Als ich den Brief zu lesen begann, flossen die Tränen. Ja, jetzt konnte ich mich an den Namen erinnern! Gut zehn Jahre war es her, dass ich im Badischen im Rahmen eines Frauenfrühstücks einen Vortrag gehalten hatte. Zum Schluss stellte ich Bücher vor und zeigte auch ein Embryomodell von zehn bis zwölf Wochen.

»So winzig haben wir alle begonnen«, erläuterte ich, »und nichts weiter kam dazu als Wachstum. Schenken

Sie doch solche kleinen Embryomodelle Ihren Kindern. Erklären Sie ihnen, dass wir alle einmal solche Winzlinge waren und dass Gott uns damals schon kannte und liebte. Vielleicht hilft es auch Teenagern, zu begreifen, dass solch ein kleines Wesen kein Gewebeklumpen ist, sondern ein fertiger Mensch.«

Am Tag danach kam ein Anruf: »Frau Heil, ich war gestern bei Ihrem Vortrag. Sie stellten zum Schluss solche Embryomodelle vor. Das hat mich erschüttert. Unsere minderjährige Tochter ist schwanger. Man hat ihr zur Abtreibung geraten. Das sei noch gar kein Mensch, was da entstanden sei. Und sie habe noch ihr ganzes Leben Zeit, Kinder zu bekommen. In aller Ruhe solle sie doch erst ihren Schulabschluss machen. Doch jetzt frage ich Sie, was ich unserer Tochter raten soll, die innerlich völlig durcheinander ist. Ich selbst bin es auch. Es ist für mich kaum vorstellbar, dass eine Abtreibung keine Schäden hinterlässt. Aber ich kann mir auch nicht vorstellen, noch ein Baby großzuziehen.«

Wir sprachen lange miteinander. Mutter und Tochter rangen sich schließlich dazu durch, das Kind zu bekommen. Es war absolut nicht leicht.

Ein Jahrzehnt ist seither vergangen. Ich nenne die junge Frau Jenny. Sie hat damals ein wundervolles kleines Mädchen geboren. Gott öffnete viele Türen, sodass Jenny trotzdem ihren Abschluss machen konnte und heute einen guten Beruf hat. Mutter und Tochter sind voller Dankbarkeit für Maren, ein liebenswertes lebhaftes Mädchen, das ihnen viel Freude bereitet. Sie können sich überhaupt nicht mehr vorstellen, dass Maren nicht zu ihrem Leben gehören sollte!

Siehe, ich komme und will bei dir wohnen,
spricht der HERR.

(Sacharja 2,14)

Wo will ER wohnen?
Bei den Traurigen, um zu trösten.
Bei den Belasteten, um sie freizusetzen.
Bei den Verzweifelten,
um einen Ausweg zu zeigen.
Bei den zerbrochenen Herzen, um sie zu heilen.
Bei den Weinenden, um ihre Tränen zu trocknen.
Bei denen, die sich an IHN klammern
und ihm trotz ihrer Not vertrauen.
Wo sonst sollte ER wohnen?

Ruth Heil

Reisen, Seminare und Frauenfrühstückstreffen

Mein erstes Frauenfrühstück nach der Wende

Bautzen, Hotel Sonne. Das Wunder war geschehen. Die Grenze nach Ostdeutschland öffnete sich. Viele Jahre schon bezogen dort Frauen die Zeitschrift LYDIA. Eine der ständigen Kolumnen darin war zu dieser Zeit mein Part. Ich beantwortete Fragen, die Menschen der Zeitschrift zukommen ließen. So war ich vielen Frauen im Osten Deutschlands bekannt, ohne dass wir uns zuvor begegnet waren.

Inzwischen war unser jüngstes Kind zwei Jahre alt geworden und mein Mann ermutigte mich, die Einladung zu einem Frauenfrühstückstreffen in Bautzen anzunehmen. Meine Freundin Elli begleitete mich und wir hatten meine drei jüngsten Kinder »im Gepäck«. Liebevoll wurden wir in dem kleinen Schlösschen an der Spree willkommen geheißen.

Frühmorgens machte sich Elli schon mit Begleitung zum Hotel »Sonne« auf, um den Büchertisch zu richten. Ich sollte später mit den Kindern nachkommen. Doch ich schlief ein. Zu meinem Entsetzen wachte ich erst kurz vor Beginn der Veranstaltung auf. Schnell zog ich die Kinder an und stürmte mit unserem Kinderwagen los. Die 300 Meter zu Fuß kamen mir wie Kilometer vor. Völlig fertig erreichten wir das Ziel.

Wir trafen auf eine riesige Menge Menschen, die – zum Teil ohne Tisch nur mit Brötchen in der Hand – auf Stühlen saßen. Es sollte ja ein Frauenfrühstück sein. Aber statt der 60 bis 80 angemeldeten waren etwa 100 Frauen gekommen. Vom Frühstück sahen wir nur noch etwas Deko und eine ganze Ananas, die verloren auf dem Buffet stand.

Ein Zeitungsreporter drängte sich zu mir durch die Menge. »Machen Sie schnell«, forderte er mich auf. »Ich habe schon auf Sie gewartet und nicht viel Zeit! Was soll das heißen: ›Ich will das Haus meines Lebens bewohnen‹? Welches Haus meinen Sie?«

Ich versuchte zu erklären, dass Jesus Christus, der uns erschaffen hat, sich danach sehnt, dass wir ihn in unser Leben aufnehmen. Dass er am Kreuz starb, um uns frei zu machen von Schuld.

Er war völlig irritiert. »Was für ein Jesus? Was meinen Sie damit, dass er am Kreuz starb?«

Der Reporter blieb. Gott öffnete sein Herz. Er war bereit, diesem Jesus sein Lebenshaus anzuvertrauen. Später hörte ich, dass auch seine Frau sich für Gott entschieden hat. Welch eine Freude!

Die zehn Jungfrauen am Chiemsee

Mit großer Freude hielt ich ein Seminar am Chiemsee. Ich ging gerade aus dem Haus, als eine Teilnehmerin unseres Seminars aus dem Auto stieg – die weit über 90-jährige Fahrerin hatte sie zum Einkaufen mitgenommen. Diese war während der Fahrt mehrmals auf die

Gegenfahrbahn geraten. Die entgegenkommenden Autofahrer hatten versucht, sie durch Hupen auf den Fehler aufmerksam zu machen, aber die alte Dame hatte das nicht beeindruckt.

»Heute habe ich Engel erlebt«, meinte die Beifahrerin dankbar aufatmend. »Aber in Zukunft gehe ich lieber zu Fuß, statt mit Änne zu fahren!«

Wir hatten die Idee, die biblische Geschichte von den zehn Jungfrauen in einem Anspiel zu verdeutlichen. Die alte Dame war gleich hell begeistert. »Da will ich unbedingt mitmachen! Allerdings gibt es eine Bedingung und daran führt kein Weg vorbei!« Sie machte eine bedeutungsvolle Pause, ehe sie fortfuhr: »Ich spiele nur dann mit, wenn ich eine kluge Jungfrau sein darf.«

Diese Rolle bekam sie und ging voller Freude dem Bräutigam entgegen, als er in einem afrikanischen Kleid mit Goldstickerei durch die Tür kam.

Vor einiger Zeit ist sie in die Ewigkeit eingegangen. Bis zu ihrem Tod hatte Gott Engel geschickt, um sie und andere vor einem Autounfall zu bewahren. Nun darf sie sehen, was sie auch von Herzen geglaubt hat: dass Jesus, ihr himmlischer Bräutigam, sie erlöst hat.

»Herr, huif mer, i da'sauf!«

Der Apostel Petrus hat mich schon immer beeindruckt. Ich mag sein Temperament und seine Begeisterung für Jesus, wenn er auch manchmal zu schnell im Reden war und dann in der Not sein Wort nicht halten konnte.

Jesus hatte die Jünger weggeschickt. Sie sollten auf

die andere Seite des Sees fahren. Er wollte noch auf den Berg zum Beten gehen.

Unterwegs auf dem See kam ein schwerer Sturm auf. Die Jünger taten, was sie konnten, aber der Sturm war so heftig, dass sie um ihr Leben fürchteten. Da kam zu ihrem Entsetzen auch noch etwas auf dem Wasser ihnen entgegengelaufen. Das konnte nur ein Gespenst sein! Sie schrien vor Furcht. Doch schließlich entdeckten sie, dass es Jesus war.

Petrus fasste sich anscheinend als Erster und rief Jesus zu: »Wenn du es bist, heiß mich aussteigen!« Und Jesus sagte: »Komm!« Wir kennen den weiteren Verlauf der Geschichte: Petrus stieg aus. Doch als die nächste Welle anrollte, schaute er nur noch auf die Welle, statt seine Augen auf Jesus zu heften – und sank!

Diese Geschichte war das Thema, das an diesem Abend von den Kindern als Anspiel umgesetzt werden sollte. Wir bauten aus Stühlen und Decken ein großes Boot. Als Mast setzten wir einen Besenstiel ein. Zum Wasserschöpfen kamen einige Plastikeimer mit. Die Jünger stiegen ins Boot und los ging die Fahrt. Wir Erwachsenen hatten blaue Organzatücher, die nach anfänglich sanftem Wind immer höhere Wellen schlugen. Die Jünger mussten heftig das nicht vorhandene Wasser aus dem Boot schöpfen und der Jünger, der den schwankenden Mast festhielt, schwankte stark mit.

Alle wirkten erschöpft, als auf dem See – von der Tür her – einer übers Wasser direkt aufs Boot zukam. Unsere Jünger schrien, dass sich fast die Balken bogen.

Und dann hatte Petrus seinen Auftritt: Er stieg aus dem Boot aus und schritt zunächst noch recht mutig auf dem Wasser einher, bevor die Zuschauer eine mächtige Organzawelle auslösten und er verzweifelt zu sinken begann.

»Hilf mir!«, schrie er, während er ins Wasser sank, also in die Knie ging, »ich geh unter!« Da wir in Bayern waren, klang das original so: »Herr, huif mer, i da'sauf!«

Wir alle, die wir dabei waren, werden diese Szene nicht so schnell vergessen. Und vielleicht sollten wir uns für ausweglose Lagen diesen Satz merken: »Herr, hilf mir, ich geh unter!« Und unser Herr wird dann auch uns an der Hand fassen und uns erretten.

Begegnung mit Anna

Nein, Anna bin ich nie persönlich begegnet. Aber sie ist für mich so wirklich geworden, als hätte ich sie ein Stück durchs Leben begleitet. Ich litt in meinem Herzen wegen ihrer Entscheidung für falsche Wege und jubelte in Freude über ihre Umkehr.

Alles begann auf dem Flughafen in Charlotte in den USA. Ich hatte eine unserer Töchter besucht und wartete jetzt auf meinen nächsten Flug, der mich nach Hause bringen sollte. Manchmal hetzt man sich ab, um beim Umstieg den Anschlussflug nicht zu verpassen. Aber manchmal sitzt man für Stunden am Flughafen fest und wartet und wartet und wartet …

Sieben Stunden hatte ich plötzlich Zeit, um zu tun, was immer ich wollte. Ein seltsames Gefühl im Trubel meines Lebens. Sollte ich die Stadt besichtigen oder mich einfach nur in eines der Flughafenrestaurants setzen? Vielleicht in den Shops ein paar Mitbringsel suchen? Oder aber ein wenig ausruhen und nur entspannt dasitzen und nichts tun? Der letzte Gedanke gefiel mir am besten.

Eigentlich hatte ich vor, gar nichts zu denken, aber bei Frauen funktioniert das ohnehin nicht. Ich saß da und schaute auf den Menschenstrom, der sich durch den breiten Gang schob. Menschen, die ruhig ihren Weg suchten, andere, die in Hektik vorbeieilten, Mütter, die sich mit ihren Kindern abplagten, Geschäftsleute, die gepflegt und aufrecht ihre Wichtigkeit präsentierten, lustig plaudernde Jugendliche.

»Wir alle suchen unseren Weg durchs Leben«, ging es mir durch den Kopf.

Und da begegnete mir Anna in meinen Gedanken. Diesen Namen gab ich ihr stellvertretend für uns alle auf der Suche nach Erfüllung. Innerlich sah ich sie höchst lebendig auf der Mauer des herrschaftlichen Hauses sitzen, das sie mit ihrem Vater und ihrem Bruder bewohnte. Sie war ein junger Teenager. Mit ein paar unreifen Äpfeln zielte sie gerade auf einige Leute, die dort vorbeigingen. Das machte ihr Riesenspaß.

Mutter war im letzten Jahr gestorben. Der Vater gab sein Bestes, um das aufzufangen. Aber die Tochter verließ ihr Zuhause. Erst nach vielen Irrwegen kehrte sie verarmt und beschämt zum Vater zurück.

Der Vater feierte ein Fest, der gehorsame und pflichtbewusste Sohn wandte sich voller Bitterkeit und Hass von seiner Schwester ab.

Ja, diese Geschichte ist uns eigentlich schon bekannt. Es ist nicht nur eine Erzählung, die in der Bibel steht. Es ist die Geschichte unseres Lebens. Die Geschichte der Suche nach dem Glück, die oft so ganz anders endet, als sie begonnen hat.

Immer noch sitze ich im Flughafen. Ich beobachte nicht mehr die Menschen. Das Zeitgefühl ist mir verloren gegangen. Ich schreibe und schreibe und schreibe die Geschichte von uns Menschen, denen der Vater verloren gegangen ist. Von uns Menschen, die ihr Glück nicht finden können, weil sie diesen Vater nicht suchen. Den Vater, der uns Jesus geschenkt hat, um unser Sehnsuchtsloch nach Liebe auszufüllen. Den Vater, der uns durch Jesus den ganzen Schutt der Vergangenheit abnehmen will. Den Vater, der unsere Wunden heilen kann.

Ein Schmerz ist in mir, der mir die Tränen in die Augen treibt.

Fast unbemerkt hat sich eine Frau neben mich gesetzt. Sie hat offensichtlich meine innere Bewegung gemerkt und fragt mich ganz vorsichtig: »Kann ich Ihnen helfen?«

Ich kehre wieder in die Gegenwart zurück und sage ihr von der Geschichte, an der ich gerade schreibe, von dem Schmerz, der mich dabei berührt. Jetzt ist sie berührt. Sie erzählt mir ihre Lebensgeschichte, sie berichtet mir von der Not, in der sie gerade steckt. Und ich darf ihr vom Vater sagen, der sie kennt und um alles weiß. Dann bete ich mit ihr.

Inzwischen haben sich viele Menschen am Gate eingefunden. Bald beginnt das Boarding. Wir verabschieden uns. Bis zum Wiedersehen? Spätestens im Himmel!

Anna zieht Kreise

Ja, auf einem Flughafen entstand Annas Geschichte. Eigentlich beschreibt sie das Leben des verlorenen Sohnes, von dem Jesus in der Bibel im Lukasevangelium, Kapitel 15, berichtet. In meiner Erzählung ist es kein verlorener Sohn, sondern eine verlorene Tochter. Eine junge Frau löst sich vom Vater, lässt sich ihr Erbe auszahlen und geht in die Welt. Nach allem Glanz und Glamour landet sie völlig verarmt als Reinigungsfrau in einem Kaufhaus. Die Sehnsucht nach dem Vater beginnt und damit die Umkehr.

Ein Verlag veröffentlichte das Manuskript in einem kleinen Buch mit dem Titel »Anna und das Buch«. Kurze Zeit später schenkte ich es meiner Freundin Annett. Sie war begeistert. »Man müsste diese Geschichte nicht nur lesen, sondern auch miterleben können!«, ging es durch ihre Gedanken.

Nachdem Anna in meinen eigenen Gedanken schon recht lebendig war, wurde sie nun in Annett auch zu einer wirklichen Person. Das war der Beginn für das Musical, das Annett daraus entwickelte.

Musik und Spieler wurden gefunden, Lieder entstanden, Bühnenmaterial wurde gesucht. Viele Kinder waren bereit, wochenlang Texte und Lieder auswendig zu lernen. Schließlich war auch die Einladung fertig gestaltet. Und natürlich wurde auch ich zur Aufführung eingeladen!

Voller Erwartung und Vorfreude saß ich in der Bahn Richtung Dresden. Bald würde ich »meiner Anna« persönlich begegnen!

Die Aula der großen Schule war bis auf den letzten Platz besetzt. Dann öffnete sich der Vorhang zum ersten Mal: Man sah Anna auf der Mauer des herrschaftlichen Hauses, wie sie mit kleinen Äpfeln auf die vorbeigehenden Leute zielte …

Kinder und Jugendliche gaben sich in ihre Rollen, als wäre es ihr eigenes Leben. Es war überwältigend. Annas Umkehr war so bewegend dargestellt, dass im Publikum viele Tränen flossen. Auch ich konnte meine nicht zurückhalten. Ja, das war unser Leben, voll von Sehnsucht nach Liebe, Angenommensein und Heilwerden!

Ein donnernder Applaus folgte.

Ich musste leider gleich wieder zum Zug.

Dort sitze ich nun am Bahnhof und sehe die Menschen auf den Bahnsteigen, beobachte Männer und Frauen im Abteil – und sehe in vielen Gesichtern »meine Anna« auf der Suche – und sehe den Vater, wie er darauf wartet, dass seine Kinder nach Hause kommen.

»Herr, gib mir Brot zur Speise«
Es war auf einer Vortragstour durch Sachsen. Gott hatte Freude geschenkt, Menschen mit der guten Botschaft

seiner Liebe zu erreichen. Wir wurden mit Liebe geradezu überschüttet, was sich am Ende dieser Reise auch darin zeigte, dass Elli, meine Mitarbeiterin, und ich ordentlich Gewicht zugelegt hatten.

Unser neunter Vortragsabend war in der schönen evangelischen Kirche in Schlettau. Ich war müde vom Fahren, vom Sprechen und vom täglichen Umzug in ein anderes Bett. In meinem Inneren saß ich wie unter dem Strauch, unter dem Elia vor Gott seine Erschöpfung ausbreitete und sagte: »Gott, es ist genug.« Gott schickte ihm dann durch einen Engel Wasser und Brot, bevor er sich auf die lange Reise machen musste.

»Herr, bitte gib mir dein Brot zur Speise und dein Wasser des Lebens für diese Menschen«, betete ich. Als ich mit meinem Vortrag begann, durchflutete mich eine große Freude. Ich sprach von Gottes Liebe und seiner Durchhilfe in schweren Zeiten meines Lebens. Und ich lud Menschen ein, diesem wunderbaren Herrn ihr Leben anzuvertrauen.

Von Marianne, einer Zuhörerin, kam später ein Brief: »Von ganzem Herzen möchte ich Euch nochmals danken für den kostbaren Abend. Ich habe so viel Gutes darüber gehört. Ein älterer Mann hat sich danach im Altenkreis zu Wort gemeldet: So einen schönen Abend habe er noch nicht erlebt.«

Darauf kann ich nur antworten: Was für einen wunderbaren Gott haben wir, der mich gespeist hat, um andere satt zu machen.

»Innerlich bin ich streichelwinzig«

Wir waren unterwegs zum Frauenfrühstück. »Die Chance, eine Frau zu sein« hatten sich die Veranstalter gewünscht.

Es gab ein Superfrühstück in fröhlicher Atmosphäre. Im Gemeindesaal der evangelischen Kirche wurde viel gelacht. Die Chancen, eine Frau zu sein, sind auch wirklich vielfältig: Frauen denken mit dem Herzen, haben ein Bauchgefühl für das Richtige – und dazu oftmals noch recht! Sie haben das Handy ans Ohr geklemmt, rühren die Suppe um und versorgen dabei noch ihr Kleinkind.

Nach dem Ablauf des Vormittags ließ uns die Pfarrfrau wissen: »Sie haben noch eine lange Fahrt vor sich. Bleiben Sie doch zum Mittagessen! Heute hat mein Mann gekocht. Ich geh schon mal ins Pfarrhaus. Die Tür ist offen. Kommen Sie einfach herein.«

Mit Elli, meiner Mitarbeiterin, packten wir meine Bücher zusammen und begaben uns zum Essen. Schon im Gang hörte man, dass es irgendwo im Haus »heiß herging«.

Langsam bewegte ich mich zur nächsten Tür. Herr Pfarrer und seine Frau hatten eine lautstarke Unterhaltung. Sie waren so beschäftigt miteinander, dass sie mich zunächst nicht wahrnahmen.

»Da kochst du einmal im Leben und man kann es niemandem anbieten zu essen. Mann, wir haben Gäste! Ich hab dir doch alles genau erklärt! Was machen wir jetzt nur?«, sagte sie vorwurfsvoll.

»So, jetzt sag ich dir mal was«, konterte er. »Ich bin so gutmütig und versuche dich zu entlasten und werde dafür noch angemotzt!«

»Darum geht es überhaupt nicht! Du hättest einfach vorher zuhören können!«

Die Unterhaltung wurde immer lauter. Schließlich rief er aus: »Du bist einfach unmöglich!«

Ich wollte mich gerade zurückziehen, als er mich bemerkte. Das war natürlich oberpeinlich. Da kniete er sich vor seiner Frau nieder und sagte in gestellt süßem Ton zu ihr: »Schatz, du weißt, dass ich dich liebe. Ich kann zwar schreien wie ein Löwe, aber innerlich bin ich streichelwinzig.«

Sie schaute auf ihn hinunter und begann zu lachen: »Ich weiß, du bist ungefährlich, aber du bist auch unmöglich!«

»Ah, siehst du, deshalb passen wir so gut zusammen!«, schmunzelte er nun. Der Fall war gelöst und gerettet!

Wir begaben uns zum schon gedeckten Tisch. Es gab Spaghetti und Tomatensoße. Die Pfarrfrau würzte alles ein bisschen nach, bereitete die Soße zum Salat und wir konnten essen. Trotz des eigenartigen Vortischs der Missverständnisse schmeckte es sehr gut, wenn auch die Nudeln noch etwas Hitze vertragen hätten.

Sind wir nicht alle innerlich »streichelwinzig«? Und doch benehmen wir uns manchmal wie Löwen – oder auch wie »beleidigte Leberwürste« oder »schweigende Lämmer«!

Wie gut, dass es die Möglichkeit der Versöhnung

gibt. Und Versöhnung fragt nicht, wer die größere Schuld am Streit hat. Versöhnung hat den Mut, den ersten Schritt zur Vergebung zu gehen!

Engel, Gottes Wirklichkeit
Viele Jahre waren vergangen. Ich war verheiratet und wir hatten schon einige Kinder.

Von »hand in hand tours«, einer Organisation, die Reisen durchführt, war ich eingeladen, als Referentin auf einem Kreuzfahrtschiff Vorträge zu halten. Zwei unserer Kinder durften mich auf dieser Reise begleiten. Das war ein großes Erlebnis. Denn mit unserer großen Familie hätten wir uns solch eine Reise niemals leisten können.

Endlich saßen wir im Flugzeug auf dem Weg nach Montreal in Kanada. Die MS Columbus sollte den Atlantik überqueren und danach den Sankt-Lorenz-Strom aufwärts durch die großen Seen Nordamerikas bis Chicago unterwegs sein.

Zuvor hatte das Bekanntwerden dieser Kreuzfahrt leider bei manchen Menschen nicht nur Freude ausgelöst. Gerade Christen meinten, das Geld könnte besser für andere Dinge verwendet werden. Eine Aussage war sogar fast so etwas wie bei Dornröschen der Fluch, ausgesprochen von der bösen Fee: »Ich wünschte, das Schiff würde mit seinen feinen Pinkels untergehen!«

Ausgerechnet der Film »Titanic« stand auf dem Auswahlprogramm während des Flugs. Fasziniert sahen wir zu, wie das Schiff in den Fluten versank …

Dann standen wir bei strömendem Regen in Montreal am Hafen vor der MS Columbus. »Hm«, meinte unser Junge, »erinnert ganz schön an die Titanic!«

Es war wie ein Traum, durch die Schleusen zu fahren und danach immer wieder überwältigende Naturereignisse hautnah zu erleben. Die Niagarafälle lösten in mir eine ständige Wiederholung der Worte eines Liedes in mir aus: »Dann jauchzt mein Herz dir, großer Herrscher, zu: Wie groß bist du! Wie groß bist du!«

Bei den Fahrten durch die Seen wurden viele Vorträge von unterschiedlichen Rednern angeboten. Manfred Siebald erfrischte uns durch seine tiefgehenden Lieder. An einem der Abende sprach Bettina Wälde, die zusammen mit ihrem Mann beruflich den Schwerpunkt »Typberatung« hatte. Bettina war damals am Tiefpunkt ihrer Krebserkrankung. Es sollte ihre letzte Reise sein. Von den starken Medikamenten gezeichnet, durch die Chemo ihrer Haare beraubt, im Rollstuhl sitzend, sprach sie über die Liebe Gottes. Sie strahlte dabei eine Schönheit aus, die fast unwirklich war und im Gegensatz stand zu dem, was man mit den Augen sah.

Auch nach der Schiffsreise blieben wir miteinander verbunden. Immer wieder durfte ich mit Bettina am Telefon beten oder Rainer, ihrem Mann, einen Mut machenden Vers aus Gottes Wort weitergeben.

Es war an einem Montagabend. Als ich für die beiden betete, sah ich vor meinem inneren Auge Rainer vor mir. Er kniete am Bett seiner geliebten Frau und betete den Psalm 23. Um das Bett herum stand ein Kreis von

Engeln. Ihre Flügel waren nach oben gerichtet. Es sah aus, als wäre ein geschlossener Kreis von Licht um die beiden als Schutz und Abwehr gegen alle Dunkelheit gezogen. Dieses Bild in mir war so stark, dass ich es aufschrieb und per Fax an Rainer weiterschickte.

Am nächsten Morgen meldete sich Rainer bei uns per Telefon. In seinem Büro hatte er gerade mein Fax gelesen. Tief bewegt berichtete er mir: »Bettina ist auf der letzten Wegstrecke. Es ist wirklich schwer zuzusehen, wie sie leidet. Gestern kniete ich an ihrem Bett. Ich war so ausgebrannt und hilflos. So betete ich den Psalm 23 und bat Jesus, er möge uns Engel schicken, die uns bewachen. Mir kamen die Tränen, als ich jetzt in deinem Fax genau das beschrieben sah, was ich erlebt und von Gott erbeten hatte. Ich schaute auf das Datum und die Uhrzeit der Faxnachricht: Sie war kurz nach dem Zeitpunkt an mich abgeschickt, als ich gestern an Bettinas Bett gekniet hatte. Nun weiß ich gewiss, dass Gott mein Gebet erhört hat!«

»Wegen Ihnen hätte ich beinahe abgesagt!«

Nie hätte ich mir vorstellen können, einmal so viel reisen zu dürfen und dabei Gottes Erde mit ihren Schönheiten an vielen Stellen kennenzulernen.

»Sie werden nie etwas von der Welt sehen«, sagten Menschen zu mir, wenn sie unsere Kinderschar betrachteten, und lächelten dabei mitleidig. Mein Gynäkologe riet mir: »Hören Sie doch endlich auf damit« – er meinte: mit Kinderkriegen – »Sie haben sonst mit 40 Jahren schon eine Glatze und gehen am Stock!« Welche tollen Aussichten! Aber Gott hat sicher über ihn gelacht und gesagt: »Der wird sich noch wundern!«

Überhaupt haben wir viele gute Ratschläge bekommen. »Soll ich mal mit deinem Mann reden?«, wurde mir angeboten. Da war es gut, dass der Vater im Himmel mir die Gabe des Redens geschenkt hat, denn ich antwortete diesem Menschen: »Du kannst auch mit mir darüber sprechen, ich war da auch dabei.« Damit war sein Angebot erledigt.

Inzwischen hatte Gott mir die Türen in die ganze Welt geöffnet. Einer Einladung nach Thailand zu Missionaren war ich gefolgt, bei den Mennoniten im Chaco in Paraguay war ich zu Vorträgen unterwegs, und als Reiseleiterin folgte ich den Spuren Jesu in Israel. Viele Schiffsreisen führten mich durch Nord- und Ostsee, durch die großen Seen Nordamerikas, an Westeuropa vorbei und durchs Mittelmeer. Viele Jahre lang schenkte Gott mir die Freude, zusammen mit einigen meiner Kinder die Welt kennenzulernen. Mehr als 20 Jahre waren vergangen, seit ich die Einladung angenommen hatte, als Referentin auf der MS Columbus zu reisen.

Jetzt war ich gerade auf dem Mittelmeer unterwegs. Immer wieder neu war ich fasziniert vom Spiel der Wellen, von der Weite des Wassers, vom erfrischenden Salzgeruch in der Luft. Doch wie jedes Mal bei meinen Reisen beeindruckten mich auch die Schicksale der Menschen an Bord. Wenn ich in Gesprächen Trost geben konnte oder ein Wort der Ermutigung Hoffnung schenkte oder das Gebet Erleichterung brachte, war das meine größte Freude.

Wir waren schon einige Tage auf See, als es zu einer Begegnung mit einer Mitreisenden kam. Sie begrüßte mich mit den Worten: »Frau Heil, wegen Ihnen wäre ich fast von dieser Reise zurückgetreten. Aber ich habe mich entschlossen, Ihnen zu vergeben.«

Ich war starr vor Schreck. Ich hatte keine Ahnung, wer diese Frau war. Und was hatte ich ihr angetan, dass sie mir gegenüber so feindlich gesinnt gewesen war? »Darf ich denn wissen, woher Sie mich kennen, und kann ich Ihren Namen erfahren? Und um welche Sache ging es denn?«, fragte ich betroffen.

»Mein Name ist nicht wichtig. Vor über 20 Jahren war ich mit der MS Columbus durch die Great Lakes unterwegs. Sie waren als Referentin auf dem Schiff dabei. Nach einem Ihrer Vorträge gab es viele Menschen, die mit Ihnen sprechen wollten. Ich war an jenem Abend die Letzte. Als ich endlich an der Reihe war, baten Sie mich, bis zum nächsten Tag zu warten.« Heftig fügte sie hinzu: »Dabei wäre es so dringend notwendig für mich gewesen!«

Diese Frau hatte sich also entschlossen, mir nach über 20 Jahren zu vergeben für etwas, womit ich sie mit Sicherheit nicht verletzen wollte. Ich bedankte mich, dass sie mir vergeben hatte, und reichte ihr die Hand.

Übrigens habe ich nie herausgefunden, wer sie war, und bin ihr während der Reise auch nicht mehr begegnet. Das war allerdings nicht ungewöhnlich, da etwa 400 Menschen das Schiff »bevölkerten«.

Eigentlich war die Bitte um Vergebung aus meinem Herzen gekommen. Doch hinterher spürte ich, dass sich da noch eine andere Stimme in mir meldete: »Du bist doch nicht für alle Menschen zuständig, nur weil sie meinen, dich in einem bestimmten Moment zu brauchen!« Ich spürte, wie da etwas in mir meuterte und mich richtig unglücklich machte. Da hatte jetzt eine Frau zum Frieden mit mir gefunden und ich erlebte Unfrieden und Aufbegehren in meinem Herzen.

Welch ein Segen, mit meinem Herrn darüber sprechen zu können. Ich erzählte IHM alles über meine verwirrten Gefühle. Als Antwort gab er mir ein inneres Bild von der verzweifelten Situation, in der sich die Frau damals befunden hatte. Da legte sich in mir der Sturm und ich konnte nur danken, dass der Herr selbst sich dieser Frau angenommen und sie vor einem großen Unglück bewahrt hatte, als ich zu schwach gewesen war.

Frauen in der Ukraine

Endlich waren alle Vorbereitungen getroffen. Nun saß ich mit meiner Freundin Elvira im Flugzeug in die Ukraine. Sie wollte mich bei dem Frauenseminar übersetzen, das in Irpin, in der Nähe von Kiew, im theologischen Seminar stattfinden sollte. Schon das dritte Mal war ich dorthin unterwegs. Weit über hundert Frauen erwarteten uns!

Mit Begeisterung hörten die Frauen zu und beteiligten sich durch Anspiele, die ich zu biblischen Themen vorbereitet hatte. Das Gespräch von Jesus mit der Frau am Brunnen gab Sehnsucht nach dem lebendigen Wasser. Ich erlebte, wie vergrämten, abgearbeiteten Menschen wieder ein Leuchten in die Augen kam. Ja, ich spürte, wie Jesus selbst durch die Reihen ging und Trost austeilte.

Zwei Erlebnisse von Frauen, die ich damals kennenlernte, haben mich besonders beeindruckt.

Irina erzählte: »Wie gerne wollte ich an dem Seminar teilnehmen! Aber meine Schuhe waren zu alt und verbraucht. So bat ich Gott, er möge mir auf irgendeine Weise welche zukommen lassen. Denn mir fehlte das Geld, um neue Schuhe zu kaufen. Ich war schon überglücklich, dass mein Geld für die Bahnfahrt und die Seminarkosten reichte. Aber woher sollte ich Schuhe bekommen? Doch kurz vor der Fahrt kam eine Nachbarin vorbei. Sie bot an, mir ihre Schuhe auszuleihen. Und die passten genau. Gott ist so gut!«

Besonders bewegend war Marias Geschichte. Auch sie lasse ich hier selber zu Wort kommen: »Letztes Jahr hatte dieses Seminar so sehr meine Seele aufgebaut, dass ich dieses Jahr unbedingt wiederkommen wollte. Schon Monate vorher bat ich meinen Mann, er möge etwas Geld für meine Reise zurücklegen. Das versprach er auch. Doch dann begegnete ihm eine andere Frau, die ihm so gut gefiel, dass er sie einlud, bei uns zu wohnen. Ab jetzt musste ich in unserer Abstellkammer schlafen, denn diese Frau war jetzt in unserem Schlafzimmer.

Trotzdem hoffte ich immer noch, dass mein Mann sein Versprechen einhalten würde und ich zum Seminar reisen könnte.

Doch je näher der Zeitpunkt kam, umso weniger Hoffnung hatte ich. Und sie zerschlug sich endgültig, als mein Mann meinte, er habe jetzt zwei Frauen zu versorgen und daher sei kein Geld mehr da für so eine Reise. Ich war total am Boden und schrie zu Jesus, er möge mir helfen, dass ich nicht verbittert würde, und er könnte ja immer noch eine Möglichkeit schenken. Auf jeden Fall packte ich meinen Koffer.

Als die Zeit kam, an dem mein Zug nach Kiew abfahren sollte, begab ich mich zum Bahnhof. Der Zug fuhr ein, Menschen stiegen aus, andere ein. Ich stand einfach nur mit meinem Koffer da, Tränen in den Augen. Kurz bevor der Schaffner den Pfiff zur Abfahrt ertönen lassen wollte, fragte er mich: ›Wollen Sie denn nicht mitfahren? So schnell kommt hier kein Zug mehr vorbei.‹

›Ich habe leider kein Geld dafür‹, antwortete ich. ›Los, steigen Sie ein‹, forderte er mich auf. ›Das geht schon in Ordnung.‹ Er wies mir einen Platz in einem besseren Abteil an und brachte mir hinterher sogar noch einen heißen Tee. Ich fühlte mich, als würde ich träumen. Als ich ihn fragte, warum er mir das möglich mache, wusste er keine richtige Antwort; es sei eben so, wie es sei.

Ich war noch immer wie im Traum, als ich schließlich in Kiew ausstieg. Jetzt spürte ich wieder die Wirklichkeit. Wie sollte ich nach Irpin kommen, etwa eine Busstunde entfernt? Ich hatte kein Geld, um den Bus bezahlen zu können, und ich kannte niemanden in der Stadt. ›Herr Jesus, ich habe gerade ein großes Wunder erlebt. Jetzt bräuchte ich noch ein kleineres, um ans Ziel zu kommen‹, betete ich.

Da sprach mich auch schon eine Frau an. ›Wir kennen uns! Du warst doch letztes Jahr auch auf dem Seminar in Irpin! Ist das schön, da können wir jetzt zusammen weiterfahren.‹ – ›Ja‹, antwortete ich etwas bedrückt. ›Aber ich habe kein Geld.‹ – ›Das macht gar nichts, ich habe schon ein Taxi bestellt. Es müsste in Kürze vor dem Bahnhof sein. Du kannst gerne mitkommen!‹

Viele der Frauen, die in besseren Verhältnissen lebten, legten auf dem Seminar Geld für mich zusammen. So kam ich danach auch wieder gut zu Hause an.« Und unter Tränen bekannte sie: »Noch nie habe ich so viel Liebe und so viel Hilfe erfahren. Jetzt hat Gott mein großes Leid in große Freude verwandelt. Wenn alles nur glatt gegangen wäre, hätte ich nicht erlebt, was für einen treu sorgenden Vater im Himmel ich habe!«

Was ich in den Gesprächen in diesen wenigen Tagen an Leid hörte, ist unbeschreiblich. Es erfasste mich eine tiefe Dankbarkeit darüber, in welchem Überfluss ich leben darf. Auf meinem Heimflug brauchte ich nur meinen leeren Koffer zu transportieren und hatte vielen eine Freude gemacht.

Mein Buch »Ganz vertraulich – ganz fraulich« wurde nach diesem Seminar ins Russische übersetzt. Möge Gott diesen Frauen den hohen Wert vermitteln, den sie für ihn haben: einmalig, kostbar, unendlich wertvoll!

Diese Frauen sind bis heute in meinen Gedanken und Gebeten. Aber es ist nicht nur das Leid, das mich dabei berührt. Es ist auch das Wissen, welche Wunder Gott in ausweglosen Lagen schenkt.

Du bist geschaffen nach dem Bild Gottes!

Versteck dich nicht! Blühe!
Blühe als Rose oder Gänseblümchen.
Blühe für IHN!

Ruth Heil

Eheseminare

Das Herz und der Bauchnabel

Mit meinem Mann zusammen durfte ich auf Eheseminaren vielen Menschen begegnen. Bewegend war es, wenn die Paare am letzten Tag das Angebot annahmen, Gottes Segen über sich aussprechen zu lassen. Einige dieser Paare wurden später selber Menschen, die anderen in Ehekonflikten helfen konnten.

Am Abend vor Seminarende gab es immer ein buntes Programm. Dabei wechselten lustige Erlebnisse von Paaren mit kleinen Spielen, bei dem sich das Paar neu entdecken sollte. Bei Kerzenschein feierten wir mit einem besonderen Menü und kleinen Überraschungen.

Ich hatte mir ein Spiel ausgedacht, das an diesem Abend zum ersten Mal ausprobiert werden sollte. Für jeden Mann hatte ich ein kleines blaues Papierherz ausgeschnitten, für jede Frau eines in Rosa. Nun sollte jeder Teilnehmer auf sein Herz eine besondere Eigenschaft schreiben, die er an seinem Ehepartner schätzte oder als einmalig empfand, es durfte auch ein nicht alltäglicher Kosename sein. Auf jeden Fall sollte es so prägnant sein, dass der Partner erkennen könnte, dass dieses Herz für ihn bestimmt war.

Zuerst wurden die rosa Herzen eingesammelt. Es war wie gesagt das erste Mal, dass wir das ausprobierten, und ich war gespannt, ob es funktionieren würde. Ich las zunächst alle rosa Herzen vor. Die meisten fanden schnell »ihren« Mann. Bei wem nicht gleich »der Groschen fiel«, dessen Herz wurde erst einmal beiseitegelegt und später nochmals verlesen. Wir hatten jede Menge zu lachen.

Eines der rosa Herzen wollte in der Runde der Männer indessen niemand haben. Auf ihm stand geschrieben: »Ich liebe es, wenn er abends mit Inbrunst seinen Bauchnabel reinigt!« Auch wenn ich das Herz immer wieder zwischen den anderen Herzen vorlas, interessierte sich kein Mann dafür. Schließlich waren nur noch wenige Herzen zum Vorlesen im Korb.

Da spürte ich, wie unter mir am Tisch eine Hand nach meinem Knöchel griff. Der Raum war an diesem Abend nur mit Kerzen beleuchtet. Ich erkannte im Halbdunkel einen der Männer, der auf den Knien hergerobbt war und mir flehend die Hände hinhielt. Sofort begriff ich, worum es ging: Es war der Mann von dem gesuchten Bauchnabel-Herzen. Zum Schluss hatten dann alle rosa Frauenherzen ihren Ehemann gefunden. Und niemand fragte danach, wo das eine rosa Herz abgeblieben war.

Danach waren die blauen Herzen an der Reihe. An einige Aussagen erinnere ich mich noch:

»Ich mag es, dass sie mir abends im Bett Asterix und Obelix auf Lateinisch vorliest.«

»Sie kreiert die besten Gerichte aus Essensresten!«

»Sie ist eine Meisterin darin, mir stundenlang Geschichten zu erzählen, von denen ich nichts verstehe. Aber ich liebe sie!«

Aber auch bei der Runde mit den blauen Herzen musste ich eines der Herzen mehrmals vorlesen. Dabei war es so besonders – so liebevoll und bewundernd! Aber keine der Frauen wollte es haben. »Wenn ich solch ein Herz bekäme, würde ich es mir einrahmen und an die Wand hängen«, äußerte ich. Zum Schluss blieb dieses eine Herz einsam im Körbchen liegen, obwohl alle Frauen ihr Herz bekommen hatten.

Ich war etwas irritiert. Hatte ein Mann vielleicht versehentlich zwei Herzen beschriftet?

Die Leute amüsierten sich inzwischen und ich verstand nicht, warum.

»Sie haben doch auch einen Mann«, meinte schließlich jemand. Da kapierte ich: Das Herz war von meinem Mann! Ich hatte nicht damit gerechnet, dass er bei diesem Spiel auch mitmachen würde. Dieses Herz habe ich voller Dankbarkeit danach wirklich gerahmt.

Schade, dass es inzwischen verblichen ist. Aber vielleicht gibt es mal Nachschub …?

Vom Frosch zum Prinzen

Einladung zum Eheabend: »Liebe Frau Heil, wir kennen Sie nicht persönlich. Aber wir hörten, dass es lustig zugeht, wenn Sie sprechen. Wir haben eine ganze Woche für Ehepaare vorbereitet: Tanz, Weinprobe im Keller, Menü vom Feinsten – und einen Vortrag, bei dem man etwas lernen darf …Könnten Sie diesen letzten Abend übernehmen?«

»Okay, lustig, fröhlich und etwas zum Lernen – ja, dazu hätte ich wirklich Freude! Ich komme gerne!«, ließ ich den Veranstalter wissen.

Gerade hatte ich aufgelegt, als mir das Märchen der Gebrüder Grimm einfiel: »Der Froschkönig«! Und da wusste ich auch schon mein Thema: »Vom Frosch zum Prinzen«.

Als ich am Vortragsabend eintraf, stand auf jedem Tisch als Deko ein Froschpärchen. Beide trugen Kronen auf dem Kopf, hatten aber keinen Blickkontakt, weil sie einander den Rücken zuwandten. Welch ein Alltagsbild, das auf diese Weise sich oftmals wiederholt. Man schaut sich nicht mehr an. Enttäuschung ist da. Der liebevolle Blick füreinander ist verloren gegangen.

Ich begann mit dem Märchen der Gebrüder Grimm: Der Königstochter fällt ihre goldene Kugel in den Brunnen. Ein Frosch bietet ihr an, die Kugel aus der Tiefe zu holen. Die Bedingung dafür ist, fortan in ihrer Gesellschaft leben zu dürfen. Die Königstochter willigt ein und bekommt ihre Kugel wieder. Den Frosch aber will sie nicht wie versprochen belohnen. Es gelingt ihm zwar, zu ihr ins Schloss zu kommen. Als er aber schließlich auch noch darauf besteht, mit ihr im selben Bett zu schlafen, rastet sie endgültig aus: Sie wirft den Frosch an die Wand. Zu ihrem Erstaunen verwandelt er sich in einen Prinzen. Und nun erzählt er ihr von dem bösen Zauber, der ihn einst zum Frosch gemacht hat.

Wie viele Parallelen ergeben sich da zum Thema Ehe: Man möchte die goldene Kugel, das Schöne. Man möchte verstanden und geliebt werden auf die Weise, wie man Liebe empfindet. Man findet sich selbst okay.

Aber die Eigenheiten und Bedürfnisse des anderen bleiben uns fremd.

Vielleicht lernte die Königstochter erst ihren eigenen »Froschcharakter« kennen, als sie das Tier an die Wand schleuderte. Möglicherweise brauchte es die innere Erschütterung über ihr eigenes Verhalten, bevor es zur Verwandlung des Frosches kommen konnte.

Wir können uns fragen: Wer oder was hat unseren Partner – und auch uns – zum Frosch gemacht? Müssen wir zuerst versagen, bevor wir barmherzig werden? Wann geben wir unsere selbstbezogene »Habenwollen-Rolle« auf und streben statt nach dem goldenen Ball nach dem ganzen Menschen?

Statt den Frosch an die Wand zu werfen, sollten wir ihn küssen! Statt uns über den anderen zu ärgern, sollten wir bitten: »Erzähl mir deine Geschichte!«

Wer sich in den goldenen Ball verliebt statt in den Frosch, wird nie den Prinzen entdecken!

Mit einem neuen Herzen von Gott bekommen wir auch einen neuen Herzschlag füreinander. Der neue Geist ist der Dolmetscher, der uns die Sprache des Gegenübers verstehen lässt und Antworten schenkt, die vergeben und heilend wirken.

Man schenkte mir nach dem Vortrag solch ein Deko-Froschpärchen. Wenn ich es jetzt betrachte, frage ich mich: Verhalte ich mich nicht auch manchmal so – drehe dem anderen den Rücken zu, nehme ihn nicht wirklich wahr, behandle ihn nicht so, als ob sich ein Prinz in ihm verbirgt?

»Bei uns weht es jetzt wieder«

Unterwegs zu einem Eheabend in der Kirche. »Frischer Wind für unsere Beziehungen«, so hieß das Thema. Welche Freude! Trotz Corona waren viele Paare gekommen. Vielleicht waren die verordneten Abstände gar nicht schlecht. So mussten sich die Paare wirklich auf ihren Partner konzentrieren.

Zu Anfang ging alles noch etwas steif zu. Die Männer hielten überwiegend auch den »Sicherheitsabstand« zu ihren Frauen ein. Aber im Laufe des Abends rückten sie doch näher zusammen, als die Paare einige von mir gestellte Fragen miteinander besprechen sollten. Es ging lustig zu und die Atmosphäre lockerte sich immer mehr.

Beim letzten Thema flossen auch Tränen. Ich war selber bewegt, weil ich spürte, wie Mauern fielen und einander Vergebung zugesprochen wurde. Es berührt mich immer wieder, zu sehen, wie Gott auch heute noch unterwegs ist, um die Herzen der Menschen zu bewegen und zu heilen.

Wochen danach erreichte mich ein Brief: »Liebe Ruth, wollte etwas Schönes mit Dir teilen. War im Pfarramtsbüro und traf auf unsere Sekretärin. Auf die Frage ›Wie geht's?‹ antwortete sie fröhlich: ›Bei uns weht's jetzt wieder!‹ Ich war etwas irritiert und wollte wissen, was da wehe. ›Na, der Vortrag vor vier Wochen: Frischer Wind für unsere Beziehungen. Da ist sogar mein Mann mal mitgegangen. Und stellen Sie sich vor: Seitdem weht's immer noch!‹«

Na denn, hoffentlich weht's noch lange!

Genieße! Hab Mut! Vergiss nicht!

Genieße froh die Momente,
wenn Dinge gelingen!
Hab Mut und gib nicht auf,
auch wenn scheinbar nichts funktioniert!
Vergiss nicht zu danken,
wenn's dann doch noch gut geworden ist.

Ruth Heil

Nachdenkenswertes

Der Hund im Koffer

Oft wissen wir nicht, was der andere in seinem Lebenskoffer trägt. Vielleicht beneiden wir ihn und wünschen uns, seinen Koffer zu besitzen. Aber das kann Überraschungen zur Folge haben, wie das folgende Erlebnis, eine wahre Begebenheit, zeigt.

Verwandte bettelten die Nichte an: »Bitte komm nach Chicago. Wir bräuchten dringend ein paar Tage Urlaub. Du könntest dir dabei auch ein bisschen Geld verdienen. Unsere beiden Hunde machen nicht viel Arbeit. Leider ist einer von ihnen schwach und alt. Wir wollen ihn trotzdem nicht einschläfern lassen. Doch man weiß nicht, wann es mit ihm zu Ende geht. Wir wollen ihm den Stress des Tierheims ersparen.«

Cindy flog also von Omaha nach Chicago. Sie wurde informiert, was sie im Notfall zu tun hätte. Außerdem hatte sie die Nummer des Tierarztes, der ebenfalls Bescheid wusste.

Das Unvermeidliche geschah: Der Hund starb. Cindy telefonierte mit dem Tierarzt und wollte wissen, was mit dem Hund nun geschehen sollte.

»Bringen Sie den toten Hund zu mir«, gab dieser zur Antwort.

»Wie stellen Sie sich das vor?«, erwiderte sie. »Ich bin mit dem Flugzeug hierhergekommen und habe kein Auto.«

»Leider habe ich dafür keine Lösung. Irgendwie müssen Sie das Tier zu mir bringen.« Das war sein letztes Wort.

Cindy fühlte sich überfordert und hilflos. Schließlich ging sie durch die Wohnung und fand einen Rollkoffer in passender Größe. Sie umwickelte das Tier mit Folie und verstaute es im Koffer. Zum Glück hatte der Hund nicht die Größe eines Rottweilers, aber leider war es auch kein kleiner Pudel, den sie da befördern musste. Sie kämpfte sich mit ihrem Gepäck durch die U-Bahn und atmete erleichtert auf, als sie am Zielbahnhof ankam.

Das nächste Hindernis stand bevor: ein Treppenaufgang. Mühsam arbeitete sie sich die Treppe rückwärts hinauf, indem sie den Koffer Stufe um Stufe hochzog.

Ein junger Mann beobachtete sie dabei. Er war ordentlich gekleidet und fragte sie höflich, ob er ihr helfen dürfe. Dankbar nahm sie das Angebot an. Erleichtert stellte sie fest, dass ihm das Gepäckgewicht gar nicht viel auszumachen schien. Umso überraschter war sie, als sie sah, wie der Mann in schnellen Schritten die letzten Stufen nahm und davoneilte. Sie war so verblüfft, dass sie nicht einmal schreien konnte. Da rannte also der Koffer samt dem toten Hund davon …

»Was hast du in diesem Moment gedacht?«, wollte jemand wissen, als Cindy später ihre Geschichte erzählte. Sie lachte: »Da muss ich jetzt auch noch den Koffer ersetzen!«

Was mag wohl der junge Mann gedacht haben, als er endlich einen Platz gefunden hatte, wo er unbeobachtet sein Diebesgut auspacken konnte? Sicher war er davon überzeugt gewesen, den Inhalt des Koffers zu Geld machen zu können. Computer hatte er vielleicht vermutet oder geheime, vertrauliche Akten. Und nun war es nur ein toter Hund. Welch ein Entsetzen!

Wie oft jagen wir Dingen nach, von denen wir denken, sie könnten uns glücklich machen. Doch wenn wir sie endlich besitzen, merken wir, dass sie unser Herz und Leben nicht mit Freude füllen können. In unseren Lebenskoffer muss mehr hinein: die Liebe Gottes, die uns frei macht zum Schenken statt zum Habenwollen oder Habenmüssen.

Wir sollten gut darauf achten, wem wir erlauben, in unsere Gedanken und Gefühle hineinzureden. »Lassen wir doch den Neidhammel nicht unzensiert in uns blöken!«, hörte ich in einer Predigt. Wir haben doch letztlich keine Ahnung, was im Koffer des anderen steckt, den wir so begehrlich beneiden. Vielleicht hätten wir es am Ende nur mit einem toten Hund zu tun …

»Fürchte dich nicht länger«

Mit diesem alten Lied war ich aufgewacht: »Fürchte dich nicht länger, sieh, ich bin mit dir! Das ist meine Leuchte auf dem Wege hier.« Es war das Lieblingslied meiner Großmutter gewesen. Auch meine Mutter hatte es oft gesungen. Und so war es in meinem Herzen ein Schatz geworden in Zeiten von Entmutigung.

Heute hatte ich allerdings keinen speziellen Grund, mir diesen Mut selbst zuzusingen. Es sang einfach in mir. Wie gut, dass ich mich nicht fürchten musste als Gottes geliebtes Kind.

Ich machte mich fertig zum Besuch des Gottesdienstes, der in der Nachbargemeinde stattfand. Wegen Corona war damals das gemeinsame Singen in der Kirche nicht möglich. Das fehlte mir sehr.

»Nimm die Harfenzither mit und singe dieses alte Lied«, ging es durch meinen Kopf. Nein, ich höre solche Stimmen nicht, es sind eher Impulse.

Ich hatte seit Jahren nicht mehr versucht, in meiner traditionellen Kirchengemeinde solche Ideen einzubringen und meinen Pfarrer damit zu irritieren. Aber der Gedanke ließ sich nicht abschütteln. So nahm ich das Instrument mit.

Es begann gerade zu läuten, als ich an die Kirche kam. Der Pfarrer war schon in den Chorraum gegangen. Sollte ich durch die ganze Kirche nach vorne gehen und ihn fragen? Ich wusste nicht einmal, welcher Pfarrer heute predigen würde.

Mit klopfendem Herzen wagte ich es. Er nahm meinen Vorschlag an, als sei es ganz selbstverständlich, und sagte mir, an welcher Stelle es angebracht sein würde, von der Empore aus mein Lied vorzutragen. Am anderen Ende der Empore saß eine Frau, die die Lieder vorsingen sollte, da wie gesagt der Gemeindegesang in dieser Phase der Coronapandemie untersagt war.

Ich hatte die Harfenzither vor mich gestellt und wartete auf das Zeichen zum Beginn. Dann sang ich voll innerer Bewegung:

Fürchte dich nicht länger, sieh, ich bin mit dir!
Das ist meine Leuchte auf dem Wege hier.
Durch die Wolken funkelt der Verheißung Licht:
Siehe, ich bin bei dir und verlasse dich nicht.

Ist der Pfad auch dunkel, droht manch Übel mir,
hör ich ihn doch sagen: Kind, ich bin bei dir!
Droben werd ich schauen Jesu Angesicht,
jubelnd wird's dann tönen:
Nein, er verließ mich hier nicht!

Nein, niemals allein! Nein, niemals allein!
So hat der Herr mir verheißen,
niemals lässt er mich allein.

Eliza Edmunds Hewitt (1851-1920)

Der Gottesdienst war zu Ende. Die Frau auf der Empore kam auf mich zu. »Sie haben heute für mich gesungen«, sagte sie mit Tränen in den Augen. »Bei mir wurde Brustkrebs festgestellt. Morgen beginnt meine erste Bestrahlung.«

Ich dachte dabei an Martin Luther. Kurz gefasst gab er folgende Anweisung bei der Gefahr ansteckender Krankheiten: »Halte Abstand, damit sich die Krankheit nicht weiter verbreitet. Aber wenn jemand deine Hilfe braucht, sei da!« So legte ich den Arm um die Frau. »Darf ich mit Ihnen beten?«, fragte ich.

Mit Dankbarkeit bejahte sie es. Ich betete voller Vertrauen dafür, dass Jesus sie begleiten und ihr für jeden Schritt Kraft und Zuversicht geben möge. »Wenn zwei unter euch einig werden auf Erden, worum sie bitten wollen, so soll es ihnen widerfahren von meinem Vater im Himmel‹, sagt Jesus selber im Matthäusevangelium, Kapitel 18«, ließ ich sie wissen.

Ich durfte, ohne dass ich es zuvor gewusst hätte, ein Bote Jesu sein. Für IHN ist jeder einzelne Mensch so wichtig, weil er jeden im Blick hat. Uns aber schickt er als seine Hände und Füße oder auch als seinen Mund in die Welt, damit Menschen Trost erfahren.

»Immer am Danken bleiben!«

101 Jahre alt wurde mein treues Mutterherz. Die letzten Jahre waren beschwerlich für sie. Sie war ein Mensch, der andere beschenken und anderen helfen wollte. Dass man ihr selbst helfen musste, fiel ihr schwer anzunehmen. Jedem, der durch die Tür kam, wollte sie Gutes tun, auch wenn die Sozialstation kam, um sie zu duschen und ihr die Haare zu waschen. Es war ihr peinlich. Doch keiner konnte wieder von ihr weggehen, ohne dass sie für ihn oder mit ihm gebetet hätte.

Einmal pro Woche holte ich sie ab, um einen Tag mit ihr in unserem Haus zu verbringen. Sie setzte sich an ihren Stammplatz an unserem Küchentisch und ordnete an, dass ich ihr etwas zum Arbeiten bringen solle. Da waren Knöpfe anzunähen oder die Vorbereitung fürs Mittagessen zu treffen, wie Kartoffeln schälen oder Salat schneiden, oder auch Arbeiten für meine Organisation zu tätigen, wie Adressen schreiben, Briefe falten, Briefmarken aufkleben. »Ich will doch nicht wie eine Diva auf dem Sofa sitzen«, war ihr Spruch.

Sie betete täglich für jedes ihrer drei Kinder und deren Partner, für jedes ihrer Enkelkinder, damals waren es 19, und für 17 Urenkelkinder. Ich bin sicher, dass das das Geheimnis ist, warum viele in unseren Familien Jesus lieb haben!

Ich danke Gott für das Geschenk, betende Eltern und Großeltern gehabt zu haben!

Mutti lebte im Haus meines Bruders in einer eigenen Wohnung. Wenn ich sie zurückbrachte, waren viele Treppen bis zu ihrer Wohnung zu überwinden. Das fiel ihr sehr schwer. Sie nahm immer nur eine Stufe und zog sich dann am Geländer auf die nächste Stufe hoch. Dabei sprach sie jedes Mal mehr zu sich selbst als zu mir: »Immer am Danken bleiben!«

Das war ihr Grundsatzspruch mitten in allen Begrenzungen, die das Alter mit sich brachte. In Schwäche und Schmerzen sprach sie diese Worte ständig neu aus wie einen Befehl an ihre Seele: »Immer am Danken bleiben!«

Durch sie lernte ich viele Lieder auswendig, die sie oft wiederholte. So haben sich Worte eingeprägt, die oft für mich zum Gebet wurden, wenn ich in Not keine Worte finden konnte.

Und dazu gehört der Segen der Worte, die sie selbst immer wieder ihrer Seele in Erinnerung brachte: »Immer am Danken bleiben!«

Das wünsch ich dir!

Den Aufblick zu Jesus,
wenn's dunkel ist.

Das Hinhören auf Jesus,
wenn's laut ist oder Totenstille.

Das Laufen hin zu Jesus,
wenn Gedanken dich jagen.

Das Ausruhen in Jesus
an seinem liebevollen Herzen.

Ruth Heil

Erlebnisse in Afrika

Auf nach Kamerun!

Mit großer Freude hatten wir unseren 40. Hochzeitstag und meinen 60. Geburtstag gefeiert. Wir hatten alle eingeladen, die Freude hatten, mit uns zu feiern. Jeder sollte etwas mitbringen. Eine Halle war gemietet worden. Nach einem berührenden Segnungsgottesdienst in der Kirche feierten wir mit etwa 200 Menschen zusammen ein Fest zur Ehre Jesu: Ehepaare hatten sich eingefunden, die sich nach Beratung bei uns wieder vereint hatten; Frauen und Männer, bei denen wir körperliche Heilung durch Gebet hatten miterleben dürfen, waren ebenso da wie Mütter mit Kindern, die wir miteinander von Gott erbetet hatten, und Menschen, die wir durch eine Krise begleitet hatten. Mein Herz war voller Jubel über diesen wunderbaren Gott, der uns durch alle Schwierigkeiten hindurchgeführt hatte!

Trotz aller Führungen, die Gott uns geschenkt hatte, fragte ich mich manchmal, ob der Ruf Gottes in meiner Kindheit nur ein Wunschtraum gewesen war.

Da besuchte uns Karola, eine alte Bekannte. Sie hatte Dr. Njock mitgebracht, der gerade aus Kamerun bei ihr zu Besuch war. »Und wann kommt ihr nach Kamerun?«, fragte er.

»Du weißt, dass mein Mann nicht mehr reisen kann!«

»Ja«, meinte er, »aber du könntest ja auch allein kommen! Euer jüngstes Kind ist 18 Jahre. Du bist zu Hause also entbehrlich!«

Fragend schaute ich meinen Mann an. »Von mir hast du ein Ja«, nickte er.

Das war der Beginn meiner ersten Reise nach Kamerun. In meinem Buch »Staunen über Gott – Mit 60 Jahren nach Kamerun« erzähle ich ausführlich darüber.

Da saß ich nun im Flugzeug. Unfassbar! Mit zehn Jahren hatte ich den Ruf nach Kamerun gespürt. Jetzt war ich 60. Unser letztes Kind war volljährig geworden. Was hatte Gott mit mir vor? Ich war doch zu alt, um noch etwas in Bewegung zu bringen! Solche Gedanken beschäftigten mich.

Da war es mir, als würde Gott mir ins Ohr flüstern: »Ich wollte dir eine Freude machen.« Mir kamen die Tränen. Was für ein liebevoller Vater, dachte ich, der sich an meinen Jugendtraum erinnerte!

Die Stewardess hatte anscheinend meine Tränen bemerkt und fragte freundlich nach, ob alles okay sei. »Es sind Freudentränen«, konnte ich nur antworten.

Ankunft in der Hauptstadt

Geplant war ein Eheseminar in der großen EPC-Church in Yaoundé (deutsch Jaunde), der Hauptstadt Kameruns. Sie liegt in einem Kessel, umgeben von mäßig hohen Bergen. Wie Nebel hängen an manchen Tagen Feuchtigkeit und Autoabgase über der Stadt. Mit dem Auto auf der zweispurigen Straße so zu fahren, als wären es vier Spuren, ist dort anscheinend normal. Im dichten Verkehr geht es von Stau zu Stau. Zwischen den Autos versuchen Menschen die Straße zu überqueren. Kommt man zum Kreisverkehr, erinnert das an einen nicht zu entwirrenden Wollknäuel. Setzt der Fahrer nicht zum Fahren an, bleibt er für Stunden auf einer Stelle stehen. Verständlicherweise sind deshalb viele Autos total verbeult. Taxis sind besonders betroffen. Außerdem staunt man nicht schlecht, wenn ein voll besetztes Viersitzertaxi am Straßenrand hält, um weitere vier Personen einzuladen!

Händler säumen die Straßen und nehmen jeden Zentimeter in Beschlag. Es gibt fast alles zu kaufen, vom BH bis zu Autofelgen. Bei der Fahrt durch die Stadt sehen wir den Präsidentenpalast und prunkvolle Häuser, während in ihrem Schatten kleine Hütten stehen, in denen Menschen in großer Armut leben.

Ständiges Hupen ist die Musik der Straße. Manchmal kommt einem auf der eigenen Fahrbahn ein Auto entgegen. Auch uns passierte das. Richard konnte gerade noch ausweichen und bremsen, knapp vor einem Lichtmast kam unser Wagen zum Stehen. Manchmal schloss ich einfach die Augen und betete um Bewahrung. Wie oft mag ich erhört worden sein?!

Eheseminar in Yaoundé
Endlich waren wir am Ziel. An der riesigen EPC-Kirche prangte ein großes Banner, das unser Eheseminar ankündigte. In einem hellen Nebenraum begrüßten uns Pastor Ntongo und ein weiterer Pastor. Ebenso war Pastor Bikoi angereist, der für die Evangelisation in ganz Kamerun verantwortlich war. Bei einer kleinen

Andacht brachte sich Detlef Hopp, der mit mir gereist war, musikalisch ein. Verschiedene Pastoren und Älteste nahmen an dem Seminar teil, um die biblische Botschaft der Ehe dann in ihren Gemeinden weitergeben zu können. Ich arbeitete mit Material von Walter Trobisch, der ja als Missionar in Kamerun gewirkt hatte.

Besonders bewegend war die Anwesenheit von Oko und Jacqueline Mengue, dem Ehepaar, das der Anlass dafür gewesen war, dass vor 60 Jahren das Buch »Ich liebte ein Mädchen« entstand. Walter Trobisch schrieb damals die Liebesgeschichte dieses afrikanischen Paares auf. Die beiden hatten den Stoff dazu in einem Briefwechsel mit Walter Trobisch geliefert.

Das Buch wurde ein Riesenerfolg mit zahlreichen Auflagen und Übersetzungen, denn erstmals wird darin offen über Gefühle und Sexualität gesprochen. Walter Trobisch betont in dem Buch, dass Liebe ein Gefühl ist, das man lernen muss. Sexualität soll nicht mit jedem beliebigen Partner gelebt werden. Sie ist das Geschenk Gottes, das nur für das Ehepaar bestimmt ist. Wartezeiten fügen der Liebe keinen Schaden zu. Sie helfen, zur Reife zu kommen.

Zum Thema unseres Seminars hatte ein Künstler aus einem einzigen Baumstamm zwei Köpfe gestaltet, die Mann und Frau darstellten. Durch eine aus Holz geschnitzte Kette waren sie mit drei Gliedern verbunden. Diese drei Kettenglieder symbolisierten die Voraussetzungen, die eine Ehe zusammenhalten und die in 1. Mose 2,24 niedergeschrieben sind: »Darum wird ein Mann seinen Vater und seine Mutter verlassen und seiner Frau anhangen und sie werden sein ein Fleisch.«

In diesem Bibelwort sind die drei wesentlichen Elemente einer Ehe zusammengefasst:

Sowohl der Mann wie auch die Frau müssen ihren Ehepartner als Priorität sehen vor allen anderen Bindungen.

Aneinander hängen heißt: sich mitteilen, offen sein, keine Geheimnisse voreinander haben, Vergebung gewähren.

Und erst dann heißt es: ein Fleisch werden!

Leider wird heutzutage die Reihenfolge meist nicht beachtet. Ein Fleisch zu werden scheint so einfach zu sein. Aber es ist dann ebenso einfach, einander wieder fallen zu lassen, wenn Probleme kommen.

Für Afrika mit seiner in vielem so anderen Kultur war manches für die Ehepaare nicht leicht anzunehmen und danach umzusetzen. Die Frau spielte in der Großfamilie eine untergeordnete Rolle, der Mann hatte das Sagen. Kommunikation, Rücksichtnahme auf die Frau, das alles war nicht üblich. »Die Frau ist der Acker, in den der Mann sät«, war das allgemeine Denken.

Aber ich hatte aufmerksame Zuhörer, obwohl ich eine Frau war. Dankbarkeit war da, sodass ich offen über alles reden konnte, auch über Tabuthemen.

Das Geschenk der Mutterschaft
Samstags fand ein Treffen mit den Frauen der Gemeinde statt. Ich betonte die große Wertschätzung, mit der

Jesus Frauen begegnete. Wie sehr achtet Gott uns Frauen, dass er uns das Geschenk der Mutterschaft anvertraut! Jeder Mensch, ob Mann oder Frau, Politiker und einfacher Arbeiter, alle werden durch eine Frau geboren. Eine Mutter ist der Ort, an dem ein Mensch Heimat finden kann.

Ich erklärte, dass man nicht nur Mutter wird, indem man ein Kind bekommt. Unser Frausein beinhaltet Mutterschaft in vielen Bereichen des Lebens. Wir dürfen als Frauen Wärme und Liebe weitergeben, mit den Weinenden weinen und uns mit den Fröhlichen freuen. Das ist unsere Begabung und Aufgabe. Mutterschaft meint im Tiefsten: Heimat schenken, Trost austeilen, Tränen trocknen, Versöhnung anstreben, zuhören, Herzenswärme verströmen, verstehen …

Die Frauen folgten begeistert den Ausführungen und nickten immer wieder zustimmend mit dem Kopf.

Mehr wert als ein Geldschein

Auch zu den Jugendlichen in Yaoundé durfte ich sprechen. Es war eine fröhliche Gruppe, die sich einfand. Detlef, mein deutscher Mitarbeiter, sang mit seiner Gitarre das Lied »Einfach spitze, dass du da bist« vor. Schnell nahmen sie die Melodie auf, begleiteten das Lied auf dem Keyboard und schlugen die Trommel dazu.

Detlef ermutigte die jungen Menschen, ihr Herz von der Liebe Gottes füllen zu lassen. Er sprach über sein eigenes Leben und das unfreiwillige Singledasein. Die

Zeit ohne Partner solle man mit Gutem füllen, ermutigte er sie. »Nutzt die Zeit, um so viel wie möglich zu lernen. Und seid bereit mitanzupacken, wenn ihr seht, dass jemand eure Hilfe braucht«, war sein Rat.

Ich unterstrich diese Worte und ermutigte die jungen Menschen, mit Intimität bis zur Ehe zu warten. »Es ist wichtig, die Freundschaft als Wartezeit zu nutzen. Das hilft euch, auch in eurer späteren Ehe schwierige Zeiten auszuhalten, ohne dem Partner untreu zu werden.«

Ich erklärte ihnen, warum es wichtig ist, sich selbst zu mögen: »Nur so sind wir für andere Menschen angenehm! Jedem von euch muss bewusst werden, dass Gott ihn gewollt hat und er kein Zufallsprodukt ist. Ihr seid für Gott einmalig und von ihm wunderbar gemacht. Es ist egal, wie andere mit euch umgehen, und es ist auch egal, was andere über euch Negatives aussprechen. Ihr seid weit kostbarer als dieser Geldschein.«

Dabei hielt ich einen Geldschein aus Kamerun in die Höhe. »Verliert er seinen Wert, wenn ich ihn zerknittere?«

»Nein!«, riefen die Jugendlichen einstimmig.

»Aber wenn ich auf ihn trete, ist er dann wertlos?« Ich zerknitterte die Banknote, warf sie auf den Boden und trat darauf.

»Nein!«, riefen sie noch lauter.

Nun hob ich den Schein auf und hielt ihn hoch mit der Bemerkung: »Jeden Morgen dürft ihr euch diesen Wert bei Gott neu abholen!«

Was auch immer die freundliche Übersetzerin Florence gesagt hatte, jedenfalls stürmten plötzlich einige junge Leute auf mich zu. Mir stockte der Atem. Hatte ich etwas Falsches gesagt, sie beleidigt und verärgert?

Das Mädchen, das mich zuerst erreicht hatte, entriss mir den Geldschein und lachte. Eine andere landete in meinem Arm, sodass ich fast umfiel, während das erste Mädchen jubelte: »Ich hab ihn!«

Was die Übersetzerin gesagt hatte, erfuhr ich danach: Die Jugendlichen hatten verstanden, sie sollten den Geldschein bei mir abholen!

Ich habe Hoffnung für Afrika, weil da junge Menschen sind, die ihren Weg mit Gott gehen wollen!

Gottesdienst mit über tausend Menschen

Sonntags fanden zwei Gottesdienste in der großen Kirche statt. Sie füllte sich mit jeweils über 1000 Menschen. In bunten frohen Farben und sowohl in traditioneller wie auch in westlicher Kleidung strömten sie ins Gebäude. Mehrere Pastoren lösten sich in den beiden jeweils zweistündigen Gottesdiensten ab. Dazwischen sangen riesige Chöre.

Im zweiten Gottesdienst wurde ich vom Leiter der EPC, der eigens zum Predigen in unsere Kirche gekommen war, mit einem Schnitzwerk aus schwarzem Holz geehrt: drei Affen – einer hält sich den Mund zu, ein anderer die Ohren und der dritte die Augen. Beim Überreichen erklärte er: »Die Gestik dieser geschnitzten Tiere lehrt uns, dass es bei uns Menschen anders sein sollte. Wir müssen die Ohren öffnen, um zu hören, wo wir gebraucht werden. Wir müssen die Augen offen halten, um bei Ungerechtigkeit einzugreifen. Und unser Mund muss sich öffnen, um Worte des Trostes und der Ermutigung zu sprechen. Ohren, Augen und Mund sollen Instrumente werden, die auf Gott ausgerichtet sind, um zu tun, was er uns zeigt.« Und an Detlef und mich gewandt, fügte er hinzu: »Danke, dass Sie gekommen sind, um uns zu helfen, Hörende und Sehende zu werden.«

Im Gottesdienst war auch Detlef wieder mit einem Liedbeitrag aktiv. Ich hielt eine Kurzansprache. »Unser Herz ist oft müde, mutlos und ohne Liebe. Wir fühlen uns wie ein Luftballon, dem die Luft fehlt. Wir müssen unser Herz immer wieder neu auffüllen lassen mit der Liebe Gottes, wenn unsere eigene Liebe am Ende ist«, erklärte ich. »Wenn Gottes Atem durch das Wort Gottes in uns hineinfließt, wird unser Leben leichter – so wie ein Luftballon schweben kann, wenn er mit Luft gefüllt ist.«

Zur Veranschaulichung hatte ich einen großen Herzluftballon dabei, den ich nun aufblies. Doch plötzlich platzte er. Durch die gute Akustik in der Kirche erzeugte das einen Riesenknall. Einige Gottesdienstbesucher sprangen von ihren Bänken auf und versuchten, ins Freie zu gelangen. Aber schnell beruhigte man sich wieder.

Auch ich hatte einen Schrecken bekommen. Doch Gott schenkte mir die passenden Worte, mit denen ich meine Ansprache schloss: »Wenn du dich vom Geist Gottes füllen lässt, wird dein Herz platzen vor Freude!«

Zurück im Busch

In Libamba, einem Ort in der Nähe der Stadt Makak, besuchten wir Schule und Kirche. Hier hatten Walter und Ingrid Trobisch in den 1960er-Jahren Studenten unterrichtet. Es war bewegend für mich, diese ehemalige Wirkungsstätte der Menschen zu sehen, die einst meine Begeisterung für Kamerun ausgelöst hatten.

Walter Trobisch war schon 1979 unerwartet durch einen Herzinfarkt gestorben. Ingrid Trobisch, die später in den USA lebte, folgte ihm 2007 in die ewige Heimat zu Jesus. Nach Walters Tod beriefen die bayrischen Pfarrer, die mit ihm verbunden gewesen waren, meinen Mann Hans-Joachim zum ersten Vorsitzenden des von Ehepaar Trobisch gegründeten Werkes »Family Life Mission«.

In der Kirche von Libamba wurde eine gottesdienstliche Gedenkfeier für Trobischs und alle schon verstorbenen Lehrer gehalten. Dazu waren auch die Witwen eingeladen. Diese Frauen waren tief gerührt, dass bei diesem Gottesdienst auch an sie gedacht wurde. Sie trugen uns zu Ehren zwei Lieder vor. Danach verließen sie die Kirche.

Kurze Zeit später kamen sie singend wieder herein. Auf ihren Köpfen und in Händen und Körben trugen sie Feldfrüchte, Bananen und Erdnüsse herein und stellten sie vor Detlefs und meine Füße. Sie berichteten von ihrer großen Freude über unser Kommen, aber auch von der Armut und dem Ausgegrenztsein aufgrund ihres Witwenstandes.

Ich war tief berührt. Da waren Frauen, die nur wenig besaßen – und sie beschenkten uns! »Bitte helfen Sie uns!«, baten sie inständig.

Damals hatte ich keine Ahnung, wie eine solche Hilfe aussehen könnte. Aber die Not dieser Frauen hatte sich tief in mein Herz eingebrannt. In meinen Gedanken nahm ich ihr Leid mit nach Deutschland.

Seitdem sind ein Dutzend Jahre vergangen, in denen Gott viele Türen öffnete. Richard, ein Sohn von Dr. Njock, erklärte sich zur Mitarbeit bereit. Wir gründeten einen Verein: »Frauen helfen Frauen – weltweit«. In Makak wurde ein Witwenhaus gebaut und auf dem Gelände wurden fruchttragende Bäume gepflanzt. Im Witwenhaus finden Bibel- und Gebetstreffen für die Witwen statt. Eine jüngere Witwe sammelt Kinder um sich, singt mit ihnen und erzählt biblische Geschichten. Weiter unten werde ich noch etwas mehr von diesem Projekt berichten.

Der großen Nachfrage nach Walter Trobischs erstem Buch »Ich liebte ein Mädchen« konnten wir nachkommen. Ebenso erschien dort eine französische Übersetzung eines meiner Bücher zum Thema »Frausein«.

Engel am Abgrund

Ich stand kurz vor einer weiteren Afrikareise. Eine Brücke im Nordwesten Kameruns sollte eingeweiht werden.

Johanna, meine deutsche Begleiterin, und unser afrikanischer Mitarbeiter Richard hatten für diese Fahrt einen kleinen Truck mit Fahrer bestellt. Unser Auto sei für diese Fahrt nicht tauglich, meinte Richard. Das bestätigte sich auf den abenteuerlichen Wegen. Der neue Fahrer, zusammen mit einem Beifahrer, holte uns in seinem Truck ab. Die Straßen wurden immer katastrophaler. Oft mussten wir alle aussteigen und die tiefen Rinnen auffüllen, um überhaupt weiterzukommen.

Schließlich waren wir auf der Höhe. Vor uns lag ein Weg, der nur am Rand des Abhangs befahrbar war. Mir schwindelte beim Hinunterschauen.

Aber noch während mich schauderte, dachte ich an den Brief, den mir eine liebe Freundin vor der Reise geschickt hatte. »Ruth, ich sah dich, wie du an einem Abhang warst. Aber dann sah ich auch, wie mehrere Engel dort standen.«

Ich wendete meinen Blick von der Tiefe weg. In meinem Herzen aber betete ich: »Danke, lieber Herr Jesus, dass da jetzt überall Engel stehen. Niemand darf uns schaden!«

Nein, ich sah die Engel nicht! Aber ich wusste, dass sie da waren. Und so darf es auch sein, dass wir nicht mehr auf die Sorgen und Ängste starren, sondern voller Vertrauen wissen: Jesus beschützt uns. Er ist da, auch wenn wir ihn nicht sehen.

Als wir am Ziel waren, schaute ich mir die Reifen des Trucks an. Sie waren an einigen Stellen so abgefahren, dass man das Gewebe sehen konnte.

Einer der beiden Fahrer blieb vor Ort. Ein jüngerer Mann, Suebu, brachte uns am nächsten Tag zurück. Wir konnten uns auf Englisch verständigen. Während wir unterwegs waren, erklärte ich ihm, wer Jesus ist und dass er in die Welt gekommen ist, um unsere Schuld zu bezahlen. »Es war die Liebe Gottes zu jedem Menschen, auch zu dir, Suebu«, erklärte ich ihm. »Für ihn ist jeder unendlich kostbar und wichtig. Denn er hat jeden Menschen wunderbar gemacht, auch dich. Er liebt uns so sehr, dass er auch für dich persönlich gestorben ist.«

Suebu war sichtlich bewegt. Als alle ausgestiegen waren, fragte ich ihn, ob ich noch mit ihm beten dürfe und ob er sein Herz diesem Jesus schenken wolle. Mit Tränen in den Augen sagte er Ja. »Ich bin Moslem«, erklärte er. »Aber niemand hat mir je gesagt, wie sehr Gott uns liebt, dass er einen Sohn hat und ihn aus Liebe zu uns Menschen auf die Erde geschickt hat.«

Ich hatte ein kleines Neues Testament auf Englisch dabei, das ich ihm schenkte. Dazu gab ich ihm meine Taschenlampe. »Suebu, Jesus ist das Licht der Welt. Und wenn du ihm nachfolgen willst, sei auch ein Licht für andere!«

Dann kam sein Chef zum Auto. Suebu versteckte alles sehr schnell in seiner Jacke. Ich bete, dass Jesus ihm noch in vielen anderen Menschen begegnen wird, die ihn im Glauben weiterführen.

Weiß wie Baumwolle

Endlich war es so weit! In mein Vorhaben, Witwen zu helfen, schien Bewegung zu kommen. Das war es: Es mussten Witwengruppen entstehen, damit die einzelnen Witwen nicht so der Drangsalierung ausgesetzt waren, die ihr Stand mit sich brachte: Herabsetzung, Minderwertigkeit, Unversorgtheit.

Wir konnten ein Witwenhaus bauen, in dem sich die Frauen regelmäßig zum Austausch treffen konnten, biblischen Unterricht erhielten und sogar die Möglichkeit bekamen, lesen und schreiben zu lernen.

Meine nächste Ankunft in Kamerun wurde mit Essen und Trinken und großer Freude gefeiert. Einen halben Koffer hatte ich voll mit schönen Tüchern. Sie sollten die Witwen nach meiner Abreise daran erinnern, dass sie von mir nicht vergessen sind und dass Gott ein Auge auf sie hat. In meinem Gepäck waren aber auch alle »Zutaten«, damit jede von ihnen sich ein sogenanntes »wortloses Büchlein« zusammenkleben konnte: grünes, schwarzes, rotes, weißes und goldenes Papier.

Nachdem sich alle satt gegessen hatten (ich staunte über die Mengen, die sie verzehrten!), begann ich mit der Erklärung eines schon zusammengefügten Buchexemplars. Marie Noëlle, eine Lehrerin, war aus der Stadt gekommen, um mich zu übersetzen.

»Wenn ich die erste Seite aufschlage, sehen wir vor uns nur Schwarz. Diese Farbe soll Dunkelheit, Traurigkeit und Schuld symbolisieren. Sie zeigt unsere Verlorenheit und Trennung von Gott. Dann geht es weiter mit der roten Seite. Das Rot symbolisiert die Liebe Gottes. Weil er uns Menschen so sehr liebt, schickte er uns Jesus. Dieser Jesus trug unsere ganzen Vergehen und all unsere Schuld und ließ sich dafür ans Kreuz nageln.«

Weiter blätterte ich auf die weiße Seite. »Wer Jesus

seine Verfehlungen bekennt und um Vergebung bittet, dem vergibt er vollkommen. Dann wäscht Jesus mit seinem Blut das Schwarze hinweg. Und du wirst ganz rein, ganz weiß wie Schnee.«

Hier unterbrach mich die Übersetzerin. »Wir kennen in Kamerun keinen Schnee. Darf ich sagen: weiß wie Baumwolle?«

»Ja gerne! Dann wäscht Jesus unsere schwarzen Flecken hinweg und unser Kleid wird weiß wie Baumwolle! Dieses Gewand ist ›himmelstauglich‹. Damit können wir vor Gott bestehen. Es ist quasi die Eintrittskarte für den Himmel!«

Immer wieder hatten die Witwen zustimmend genickt, wenn sie etwas verstanden hatten. Aber jetzt ging über die Gesichter dieser vom Leid gezeichneten Frauen plötzlich ein Leuchten.

»Wer von euch will noch mal wiederholen, was ich euch erklärt habe?«

Eine kleinere Frau unter den Witwen meldete sich. Sehr eindringlich erklärte sie alles nochmals in ihrer Stammessprache Basaa. Ich konnte nichts davon verstehen, nur ihre Begeisterung steckte uns alle an. Und meine Übersetzerin meinte danach zu mir: »Heute habe ich zum ersten Mal verstanden, was das Evangelium von Jesus Christus meint.«

Prisca, so heißt die junge Witwe, macht bis heute begeistert Kinderstunden für die Dorfkinder und erzählt mit Freude von Jesus. Als ich ein weiteres Mal nach Kamerun reiste, zeigte sie mir ihr kleines »wortloses

Büchlein«, das sie immer noch benutzt, um die Frohe Botschaft weiterzusagen.

Die Freundlichkeit in Person

Nun waren wir vor dem Heimflug. Wir hatten leichtes Gepäck. Unsere mitgebrachten Koffer waren geleert und hatten nun ineinandergelegt alle in einem einzigen Koffer Platz. Unser Herz war voller Dankbarkeit und tiefer Freude.

Endlich hatten wir auch die ganzen Zollformalitäten mit unendlichen Wartezeiten bei fast 40 Grad hinter uns. Johanna und ich ließen uns in der Abflughalle dankbar und erschöpft auf die Stühle fallen.

Nach und nach fanden sich auch die anderen Fluggäste ein. Unter ihnen war eine junge, blonde Frau, die lächelnd um sich sah und alle freundlich grüßte. »Das ist sicher eine Missionarin, die auf Heimaturlaub geht«, ging es durch meine Gedanken. Ich freute mich für sie, denn sie schien auch schon in Vorfreude auf diese Zeit zu sein.

Sie saß zu weit von mir entfernt, um eine Unterhaltung beginnen zu können. Doch beim Einchecken standen wir zufällig nebeneinander am Band.

»Ihre Freundlichkeit tut einfach gut«, begann ich ein Gespräch. Etwas schroff antwortete sie mir: »Nicht dass sie denken, ich sei eine Missionarin oder so etwas! Ich lächle, weil ich lächeln will, nicht weil andere das von mir erwarten oder so. Ich lächle ganz einfach aus purem Egoismus! Denn wenn man andere freundlich anschaut, sehen sie einen meist auch auf nette Weise an. Und das tut einfach gut!«

Zack! So, jetzt wusste ich es also!

Doch im Nachhinein dachte ich: »Schade, dass Christen oft so gleichgültig in die Gegend schauen! Dabei haben sie doch den besten Chef, den es geben kann, und hätten allen Grund zu echter Freundlichkeit und tiefem Frohsein!«

Das wünsch ich mir

Dass die gewaltige Tat Jesu am Kreuz
immer mehr Auswirkung
auf mein tägliches Leben hat;
dass ich mit mir barmherzig umgehe,
weil ER mit mir barmherzig ist;
dass ich, was ER mir vergeben hat,
mir selbst nicht mehr nachtrage;
und dass ich lerne, mit anderen so umzugehen,
wie ER mit mir umgeht.

Ruth Heil

Gott öffnet Türen ...

... in Afrika

Niemals hätte ich erahnen können, mit welcher Macht Gott das begonnene Werk in dem kleinen Ort Makak in Kamerun, von dem oben berichtet ist, weiterführen würde. Es waren viele Wunder, die zusammenkamen und uns immer wieder neu zum Staunen brachten. Wann immer wir von einer Not erfuhren, kamen die zur Hilfe benötigten Gelder auf unserem Konto an. Es waren sowohl Freunde wie auch unbekannte Menschen, die irgendwo von uns gehört hatten. Und dieses Wunder hält bis heute an.

Auch im Nordwesten Kameruns öffneten sich weitere Türen. An mehreren Orten begannen Witwen-Hilfsprojekte mit Nähmaschinenkauf, Ziegenanschaffung, Saatguthilfe. Es wurden Patenschaften für Halbwaisen begonnen, Schulen errichtet, Brunnen gebaut, eine Brücke konnten wir ermöglichen und einweihen.

In den alten Krankenhausbau im Nordwesten konnten wir ein Sauerstoffgerät schicken, während der Rohbau des neuen Krankenhauses langsam, aber stetig weitergeht trotz Bürgerkrieg. »Ihr seid von Gott gesandte Menschen«, betont der Leiter der Klinik immer wieder. »Gott hat euch geschickt, bevor die größte Not begann. Und jetzt dürfen wir mit eurer Hilfe überleben!«

Drei Pygmäenkindern aus dem Osten Kameruns konnten wir mit Finanzmitteln den Schulbesuch ermöglichen. Ebenso unterstützen wir Hassan, der sie betreut. Er wurde von seinen Eltern aus dem Haus gewiesen, nachdem er Christ geworden war.

Bei meinen nächsten Besuchen kamen wir mit Menschen im Kloster Babété in der Nähe von Mbouda, Kamerun, in Kontakt. Wir konnten ihnen eine neue Pumpe für eine bessere Wasserversorgung sponsern. Außerdem wurden zwei Sauerstoffgeräte an das Kloster geschickt, in dem Covid ausgebrochen war, die halfen, dass Menschen überlebten.

Pastor Njerou betreibt eine gesegnete Flüchtlingsarbeit im Südosten Nigerias mit Schulbau, medizinischer Versorgung, Nähmaschinenschulen und Wasserprojekten. Seit der Bürgerkrieg im Nordwesten tobt, sind Hunderttausende auf der Flucht. Auch unser Pastor musste flüchten, nachdem ihm sein gesamtes Hab und Gut genommen worden war.

… in Europa

Auch nach Rumänien öffnete Gott Türen. Auf meiner Reise zu den Projekten, die wir dort betreuen, erfuhren wir unendliche Dankbarkeit. Einer unserer Mitarbeiter, Tibi, war während dieser Reise unser Chauffeur. Wochen zuvor hatten wir ihm in einer Eillieferung ein Sauerstoffgerät zukommen lassen. In sieben Krankenhäuser war er verlegt worden, ohne dass Sauerstoff zu haben war. »Lass mich noch ein einziges Mal mit meinen Freunden Kaffee trinken, bevor ich sterbe«, hatte er gebetet. Und jetzt fuhr er uns auf den Berg, um den

Schäfer zu besuchen, dem wir ein Schafschurgerät geschenkt hatten. Wir besuchten noch andere Orte, an denen ich besonders in Frauengruppen von Jesus erzählen konnte und Christen ermutigte, ihren Weg weiter mit Jesus zu gehen.

In Estland war der Schmerz eines Pastors groß, dass er nicht viel mehr Jugendliche erreichen konnte. Und auch die Versorgung der alten Menschen mit Lebensmitteln war immer ein großer Aufwand, da er kein Auto hatte. Eines Tages rief Karin, eine alte Freundin, bei mir an. »Könntet ihr einen Iveco brauchen? Ich lag heute Nacht wach und dachte: ›Eigentlich brauche ich dieses Auto nicht mehr.‹ Gerne würde ich es euch schenken, wenn ihr Verwendung dafür hättet!« Wie herrlich hatte das Gott wieder geplant! Schon zur Weihnachtszeit rollte das Auto über Estlands Straßen und ist bis heute vielen Menschen, jungen und alten, zum Segen geworden.

Ich möchte unserem Gott die Ehre geben und danke IHM, dass er mich einfachen Menschen gebraucht, um SEINEN Segen auszuteilen.

»You pray and I pray – and we will see what God can do!« Ja, so ist es: »Du betest und ich bete – und dann werden wir sehen, was Gott bewirkt!« Das ist der Spruch unserer Afrikaner, wenn ein neues Projekt ansteht – und er gilt nicht nur für Afrika.

Dazu kann ich nur AMEN sagen. Ja, groß ist unser Gott!

Ruth Heil

wurde 1947 geboren. Sie ist
in der Ehe- und Familienseel-
sorge tätig und als Referentin
in ganz Deutschland sowie in
Österreich, Rumänien und in
anderen Ländern unterwegs.
Die Autorin zahlreicher Bücher arbeitet auch
bei verschiedenen Zeitschriften mit.

Als Gründerin und Vorsitzende von Frauen-
helfen-weltweit e.V., unterstützt sie in Kamerun,
Nigeria, Indien, Rumänien und Estland
Hilfsprojekte, insbesondere für Witwen und Waisen.

Ihr Mann Hans-Joachim Heil ist Pfarrer
und Leiter von FLM (Family Life Mission).
Gemeinsam sind sie Eltern von 11 Kindern.

Ruth Heil
Gott war immer dabei
Aus meinem Tagebuch
160 Seiten, 12 x 19 cm
ISBN 978-3-8429-2315-7

Ruth Heil nimmt uns mit hinein in ihr bewegtes Leben
mit außergewöhnlichen Erlebnissen und Begebenhei-
ten des ganz »normalen« Alltags. Wir nehmen Anteil an
Höhen und Tiefen, Freud und Leid, Fragen, Reflexionen,
Gottvertrauen. Bei ihren Begegnungen, Reisen und
Vorträgen im In- und Ausland schauen wir der Autorin
über die Schulter. Und stellen fest: Hier ist eine Frau
unterwegs, die mit einem liebenden und brennenden
Herzen Gott und den Menschen dienen möchte.

Ruth Heil
Staunen über Gott
Mit 60 Jahren nach Kamerun
160 Seiten, 12 x 19 cm
ISBN 978-3-8429-2314-0

Was veranlasst eine Mutter von 11 Kindern, mit 60 Jahren
zum ersten Mal nach Afrika zu reisen? Bereits als Kind hat
sie die Sehnsucht, für Gott in Kamerun zu wirken. Doch
erst im Alter von 60 Jahren wird ihr von Gott der Weg für
die erste Reise dorthin geebnet. Sie hält Eheseminare,
spricht mit jungen Leuten über Liebe und Sexualität
und kann durch einen Vereins benachteiligten Witwen
Hilfe gewähren. Ihr wichtigstes Anliegen ist jedoch, den
Menschen von Gottes Liebe zu erzählen.

Ruth Heil
Du bist einmalig und wertvoll
62 Impulse für die Seele von Ruth Heil
62 Kärtchen, 8,5 x 5,5 cm in Kunststoff-Klappbox.
RKW 1574

Warmherzige Zusprüche und lebensnahe Impulse der
beliebten Autorin schenken neue Kraft und tragen durch
den Alltag.
Auf der Karten-Vorderseite steht jeweils ein Thema mit
einem dazu passenden Foto und auf der Rückseite der
Text.